BORN
TO COOK 2
T.IM
MÄLZER

I WILL EAT YOU SO MUST

schmecktnicht
gibt'snicht
cool kochen mit tim mälzer

V·O·X

© 2005 »VOX« und »schmeckt nicht, gibt's nicht« mit freundlicher Genehmigung der VOX Film- und Fernseh GmbH & Co. KG, Köln

Umwelthinweis: Dieses Buch und der Schutzumschlag wurden auf chlorfrei gebleichtem Papier gedruckt. Gedruckt auf LuxoSamtoffset 130 g/m² von Schneidersöhne Papier

IMPRESSUM

6. Auflage
© 2005 der deutschsprachigen Ausgabe
Wilhelm Goldmann Verlag, München, in der Verlagsgruppe Random House GmbH
REDAKTIONELL VERANTWORTLICH FÜR DEN INHALT: Pio, Hamburg, Jan-Peter Westermann, Hamburg
KONZEPT: Antje Elmenhorst, Maria Grossmann, Anja Laukemper, Tim Mälzer, Pio, Oliver Trific, Jan-Peter Westermann
TEXT UND REZEPTTEXTE: Oliver Trific, Hamburg
ART-DIRECTION: Anja Laukemper, Hamburg
FOTOGRAFIE: Jan-Peter Westermann, Westermann Studios
BILDREDAKTION: Antje Elmenhorst, Hamburg
FOOD-STYLING: Pio, Hamburg

STYLING: Maria Grossmann, Hamburg
LAYOUT: Anja Laukemper, Ben Tepfer, Hamburg
DIGITALE BILDBEARBEITUNG: René Niemann, Westermann Studios
KOORDINATION: Ralf Nöbel, VOX
Monika König, Mosaik bei Goldmann
HERSTELLUNG: Ina Hochbach, Mosaik bei Goldmann
REPRODUKTION: Wahl GmbH, München
DRUCK UND BINDUNG: MOHN Media GmbH, Gütersloh
Printed in Germany
ISBN 10: 3-442-39087-7
ISBN 13: 978-3-442-39087-8

www.mosaik-goldmann.de

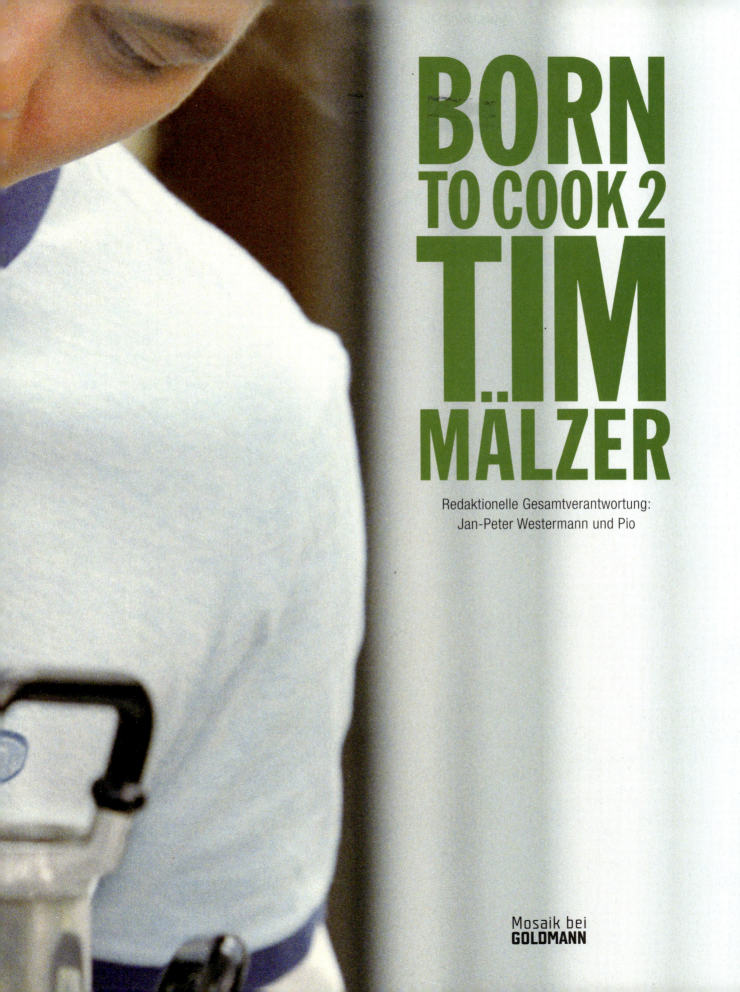

BORN
TO COOK 2
TIM
MÄLZER

Redaktionelle Gesamtverantwortung:
Jan-Peter Westermann und Pio

Mosaik bei
GOLDMANN

INHALT

Alle Rezepte sind, soweit nicht anders vermerkt, für vier Portionen berechnet.
Die Stepleiste über den Rezepten ist Orientierungshilfe für die Reihenfolge der wichtigsten Arbeitsschritte.

TAG AUCH

Neulich Abend hatte ich eine ziemlich bahnbrechende Erkenntnis. Na ja, zumindest für mich war sie das. Und wenn es stimmt, dass Einsicht der erste Weg zur Besserung ist, können wir alle nur von ihr profitieren. Ich habe nämlich eine ganz simple Wahrheit erkannt: Die Welt hat nicht auf mein zweites Kochbuch gewartet. Menschen in Tokio oder Sydney rennen nicht in die Buchläden, um es zu kaufen. Die Amerikaner haben so viele Fernsehköche, da könnten Sie einen riesigen Laden allein mit deren Büchern füllen. Nichtsdestotrotz habe ich mich mit meinen Leuten hingesetzt und Ideen hin und her geworfen. Wir haben Rezepte erfunden (und einige gleich wieder in den Müll geschmissen). Wir haben Layouts begutachtet und Papier zwischen den Fingern betastet. Es wurden Unmengen an Fotos geschossen und haufenweise Textfassungen geschrieben. Und wozu das alles? Nur für Sie! Denn dieses Buch ist die einzige Möglichkeit, die ich habe, um mich bei Ihnen zu bedanken. Dafür, dass mein erstes Buch zu solch einem riesigen Erfolg wurde. Dafür, dass meine Sendung immer noch im Fernsehen läuft. Und für all die E-Mails, Briefe und netten Worte von Ihnen. Einfach gesagt: Dieses Buch ist meine Art, mich für das zu bedanken, was Sie mir täglich geben: Inspiration.

»LASSEN SIE SICH INSPIRIEREN. EGAL WO UND EGAL WIE. SIE WERDEN SEHEN, WIE EINFACH ES IST, GUT ZU KOCHEN.«

Womit wir auch schon beim Grundgedanken dieses Buches wären! Als wir über ein Konzept nachdachten, das dieses Buch zu etwas Besonderem machen könnte, kamen wir immer wieder auf ein Thema zurück: die Einflüsse, die mich zu dem Koch gemacht haben, der ich heute bin. Und es stellte sich heraus, dass das (hoffentlich auch für Sie) viel spannender ist als eine bloße Rezeptsammlung, aufgeteilt in Vorspeisen, Hauptgerichte, Desserts usw. Sicher, die ersten Erinnerungen aus der Küche meiner Großmutter und die Einflüsse, die meine großen Vorbilder auf mich hatten, dürfen hier nicht fehlen. Aber Inspiration findet man oft auch da, wo man sie gar nicht vermutet: im Supermarkt, beim Angeln oder im Urlaub. Und so ist ein Buch entstanden, das meiner kleinen Meinung nach alles andere ist als ein Kochbuch von einem Profi für andere Profis. Die meisten Rezepte können Sie mühelos in weniger als einer Stunde kochen, viele davon dauern sogar nur knappe 30 Minuten. Und Sie müssen zum Einkaufen, bis auf ein paar Ausnahmen, keine Spezialgeschäfte anfahren, sondern können mit dem, was bei Ihrem Gemüsehändler oder im Supermarkt angeboten wird, loslegen. Besonders wichtig war es mir, Ihnen auch nützliche Infos zu liefern, und so hat jedes Kapitel Workshops, die Ihnen ohne Schulmeisterei einfache Tipps und Tricks zeigen, die das Kochen spaßiger machen. Viele Rezepte haben als zusätzliche Hilfe eine Stepleiste, die übersichtlich und stichwortartig die wichtigsten Schritte, die jedes Rezept benötigt, zusammenfasst. Auf vielen Seiten gibt Ihnen der »Küchenbulle« zusätzlich Informationen, die Sie hoffentlich gut gebrauchen können. Und wo besonderes Gerät zum Einsatz kommt, weist ein kleiner Vermerk darauf hin. Vergessen Sie aber, wenn Sie in der Küche stehen, bitte nicht das Wichtigste: Kochen soll Spass machen und meine Rezepte sollen zur Anregung dienen, sie sind nicht als starre Anleitungen zu verstehen. Wagen Sie Experimente, tauschen Sie Zutaten aus und kreieren Sie einfach mal was Neues. Na los, machen Sie es wie ich. Lassen Sie sich inspirieren. Egal wo und egal wie. Sie werden sehen, wie unglaublich einfach es ist, gut zu kochen.

PS. Um Ihnen wirklich richtig danken zu können, müsste ich Ihnen dieses Buch eigentlich schenken. Doch leider geht das nicht. Ich habe gefragt. Ehrlich!

BRÜHPULVER

MEHL, ZUCKER, HONIG

KELLEN, REIBE, SCHAUMKELLEN

KNOBLAUCH, ZWIEBELN

ROT- UND WEISSWEIN

SPECK, EIER

MILCH, JOGHURT, SAHNE, PARMESAN

KOCHLÖFFEL

SALZ, PFEFFER

SCHNEEBESEN

ARBEITSBRETT

OLIVENÖL, KAPERN, OLIVEN, BALSAMICO-ESSIG

DAS BRAUCHT JEDE KÜCHE

Fragt man meine professionell kochenden Kollegen, was das Wichtigste in einer Küche ist, werden neun von zehn wie aus der Pistole geschossen antworten: eine fest angestellte Spülkraft. Ernsthaft, seien Sie nicht entmutigt, wenn es bei Ihnen in der Küche an Ausrüstung fehlt; meist kann man sich anderweitig behelfen. Und lassen Sie sich ruhig Zeit mit der Ausstattung Ihrer Küche. Meine ist bis heute noch nicht komplett. Irgendwas fehlt immer. Wie eine Spülkraft.

GEWÜRZE

PASTA

BRÄTER

KRÄUTER

DOSENTOMATEN, TOMATENMARK

ZANGE

SCHÜSSELN, DURCHSCHLAG

TÖPFE, PFANNEN, MESSBECHER

SPARSCHÄLER

MESSER

WETZSTAHL

11

VORBILDER
IRGENDWIE IST ALLES NUR GEKLAUT

Ich koche nie nach Rezept. Eigentlich nichts Besonderes, es stellt sich aber eine Frage: Was mache ich mit den ganzen Kochbüchern, Frauenzeitschriften und den Zeitungsausrissen, die sich bei mir türmen? Die Antwort ist so schockierend wie einfach: Ich klaue. Na ja, man könnte es auch abgucken nennen. Und das tun alle Köche. Nicht, weil wir zu faul sind, um neue Gerichte zu erfinden, sondern um den eigenen Stil zu definieren und hin und wieder eine neue Sicht auf die Dinge zu bekommen. Alle Rezepte in diesem Kapitel haben meine persönlichen Lieblingsköche und Idole erfunden. Ich habe aus ihnen nur etwas Eigenes gemacht. Und das ganz und gar ohne schlechtes Gewissen.

Steps

GEMÜSE VORBEREITEN ◄
FLEISCH BRATEN ◄
BROT RÖSTEN ◄
BROT BELEGEN ◄
SANDWICHES STAPELN ◄

Fertig!

CLUB-SANDWICH

4 Portionen

EIN GROSSARTIGES SANDWICH. AUSSER WENN
MAN VIER DAVON MORGENS UM HALB EINS ZUBEREITEN
MUSS. WÄHREND MEINER LEHRE SCHIEN DAS
ANDAUERND ZU PASSIEREN.

ZUTATEN

150 g Eisbergsalat
250 g Tomaten
1 Avocado
1 EL Zitronensaft
150 g geräucherter durchwachsener
    Speck in 12 Scheiben
8 dünne Putenschnitzel à 40 g
Salz
100 g Mayonnaise (80 % Fett)
1–2 EL grober Senf
12 Scheiben Sandwichtoast

1 Salat putzen, kalt abspülen und in feine Streifen schneiden.
Tomaten in Scheiben schneiden. Die Avocado halbieren und den Stein
entfernen. Fruchtfleisch aus der Schale lösen. In Scheiben schneiden und
mit etwas Zitronensaft beträufeln.

2 Speckscheiben in eine Pfanne geben, bei mittlerer Hitze ohne zusätzli-
ches Fett von beiden Seiten knusprig braten. Auf Küchenkrepp abtropfen
lassen. Putenschnitzel in der gleichen Pfanne von jeder Seite bei hoher
Hitze 2 Minuten braten. Salzen und herausnehmen.

3 Mayonnaise und Senf verrühren. Die Toastscheiben auf dem Sandwichgrill, im Toaster oder unter dem vorgeheizten Ofengrill goldbraun rösten.
Auf die Arbeitsfläche legen und gleichmäßig mit der Mayonnaise bestreichen. Den Salat auf acht der zwölf Scheiben verteilen.

4 Vier der mit Salat versehenen Scheiben mit Speck und Tomaten belegen.
Die vier weiteren Scheiben mit den Avocadoscheiben und den Puten-
schnitzeln belegen.

5 Brotlagen zu vier Sandwiches stapeln. Mit Stäbchen befestigen und
vierteln. Mit Pommes oder Chips servieren.

VARIANTEN OHNE ENDE

Anstelle der Putenschnitzel verwende ich gerne kleine Steaks,
gekochten Schinken oder geräucherte Hähnchenbrust. Auch gekochte
Eier und Mango passen gut. Zum Zusammenbauen benutze ich
Schaschlikspieße, Zahnstocher sind zu kurz für mein XXL-Sandwich.

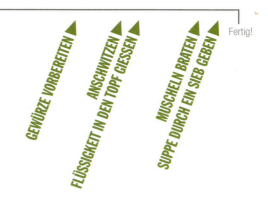

THAI-SUPPE

MEINE VEREINFACHTE VERSION EINER MUSCHELSUPPE VON JEAN-GEORGES VONGERICHTEN, EINEM DER BESTEN KÖCHE DER WELT

4–6 Portionen

ZUTATEN

30 g Ingwer
2 Zitronengrashalme
1 rote Chilischote
3–4 EL Öl
1–2 EL rote Currypaste
400 ml Kokosmilch
800 ml Hühnerbrühe
40 g geröstete Erdnüsse
Fleisch von 20 kleinen
    Jakobsmuscheln
4 TL Limettensaft
einige Zweige Thaibasilikum
    oder Basilikum

1 Ingwer schälen und in feine Streifen schneiden. Die Zitronengrashalme mit dem Messerrücken flach drücken. Chilischote entkernen.

2 2 EL Öl in einem Topf erhitzen. Ingwer, Zitronengras und Chilischote im erhitzten Öl etwa eine Minute bei mittlerer Hitze anschwitzen. Currypaste dazugeben und kurz mit anschwitzen.

3 Kokosmilch dazugeben und aufkochen. Mit der Brühe auffüllen und 10 Minuten bei mittlerer Hitze kochen. Erdnüsse hacken.

4 Die Jakobsmuscheln leicht salzen und im restlichen, sehr heißen Öl von jeder Seite maximal 40 Sekunden braten.

5 Die Suppe durch ein Sieb gießen. Mit den Muscheln in vier tiefe Teller geben und mit den Erdnusskernen bestreuen. Je 1 TL Limettensaft über jede Portion träufeln und mit etwas Thaibasilikum garnieren.

Steps

FÜLLUNG VORBEREITEN
ENTE FÜLLEN
FÜR 80 MIN. IN DEN OFEN

ENTE RUHEN LASSEN
SAUCE ZUBEREITEN

Fertig!

ENTENBRATEN

4 Portionen

JEDES JAHR ZU WEIHNACHTEN GINGEN IM HOTEL, IN DEM ICH MEINE AUSBILDUNG MACHTE, HUNDERTE VON ENTEN IN DIE ÖFEN. DEN APPETIT DARAUF HABE ICH JEDOCH NIE VERLOREN.

ZUTATEN

4 Zwiebeln
1 unbehandelte Orange
1 frische Ente von ca. 2 kg
Salz
Pfeffer
je 2 Zweige Thymian, Rosmarin und
    Salbei
2 kleine Möhren
125 g Knollensellerie
1–2 EL Öl
150 ml trockener Rotwein
250 ml Geflügelbrühe
3 EL Johannisbeergelee
Saucenbinder für dunkle Saucen

NÜTZLICHES GERÄT

Küchengarn
Fettkännchen

1 2 Zwiebeln pellen und achteln. Die Orange waschen, halbieren und eine Hälfte in Stücke schneiden. Die andere Hälfte auspressen und den Saft beiseite stellen.

2 Die Ente innen und außen salzen und pfeffern. Zwiebelachtel, Orangenstücke, ausgedrückte Orangenhälfte und die Kräuterzweige in die Bauchhöhle geben. Die Keulen zusammenbinden.

3 Restliche Zwiebeln würfeln. Möhren und Sellerie schälen und würfeln. Gemüse in einem Bräter im erhitzten Öl hellbraun rösten. Mit Rotwein ablöschen und einkochen lassen. Mit Brühe auffüllen. Ente in den Bräter setzen und im vorgeheizten Ofen bei 210 °C (Umluft 200 °C) auf der untersten Schiene 20 Minuten braten. Die Hitze auf 180 °C (Umluft 160 °C) reduzieren und eine weitere Stunde braten.

4 Die Ente aus dem Bräter nehmen und auf einem Blech im ausgeschalteten Ofen ruhen lassen. Bratenfond durch ein Sieb geben, entfetten und in einen Topf geben.

5 Orangensaft und Johannisbeergelee in die Sauce rühren, aufkochen und bei hoher Hitze 1–2 Minuten kochen. Mit etwas Saucenbinder binden. Mit Salz und Pfeffer würzen. Die Ente mit der Sauce servieren.

ÄPFEL UND BIRNEN

Anstelle der Orangen gebe ich gerne auch Äpfel, Birnen oder klein geschnittene Quitten in die Ente. Den Orangensaft ersetze ich dann mit Apfelsaft und gebe etwas Quittengelee in die Sauce.

PAPAYA-STEAK-SALAT

4 Portionen

ZUTATEN

2 EL Tomatenmark

3 EL Zitronensaft

4 EL Weißweinessig

Zucker

Salz

schwarzer Pfeffer

100 ml und 2 EL Öl

2 Köpfe Chicorée

400 g Römersalat

1 Papaya, ca. 375 g

2 Avocados

4 Rumpsteaks à 150 g

1–2 EL Cajun-Gewürzmischung
(Seite 127) oder edelsüßes
Paprikapulver

1 Bund Basilikum

1 Tomatenmark, Zitronensaft, Weißweinessig, 2 EL Wasser, Zucker, Salz und Pfeffer in einer Schüssel glatt rühren. 100 ml Öl unterrühren. Chicorée putzen und in Streifen schneiden. Römersalat putzen, waschen und trockenschleudern. Klein schneiden und mit dem Chicorée auf eine Platte geben.

2 Papaya halbieren und die Kerne mit einem Löffel entfernen. Die Schale mit einem Sparschäler abschälen. Das Fruchtfleisch in Spalten schneiden. Avocados halbieren und die Steine entfernen. Fruchtfleisch aus der Schale lösen und ebenfalls in Spalten schneiden. Alles auf den Salat geben und mit der Vinaigrette beträufeln.

3 Rumpsteaks mit der Gewürzmischung und etwas Salz einreiben und im restlichen heißen Öl von jeder Seite 3–4 Minuten braten. Aus der Pfanne nehmen und kurz ruhen lassen. Die Steaks in dünne Scheiben schneiden und auf die Teller geben. Basilikum von den Stielen zupfen und den Salat damit bestreut servieren.

WAS SIND EIGENTLICH PAPAYAS?

Papayas stammen ursprünglich aus Südamerika, gedeihen aber jetzt überall in den Tropen. Die säurearmen Früchte brauchen, um geschmacklich aufzublühen, immer einen kräftigen Schuss Säure wie Limettensaft. Das enthaltene Enzym Papain soll Fett verbrennen.

21

WORKSHOP VINAIGRETTE

▼ BACK TO BASICS

Vinaigrette war mit das Erste, was ich in meiner Lehre herstellen durfte. Folgen Sie meinen Tipps, und Ihr Dressing wird garantiert ein Erfolg, egal welchen Essig oder welches Öl Sie bevorzugen.

▶ KLASSE STATT MASSE

Trotz der Vielfalt im Markt: Sie brauchen keinen Schrank voller Essige und Öle. Zwei hochwertige von beidem reichen durchaus. Mögen Sie es extravagant, sind Ihnen nach oben keine Grenzen gesetzt.

▲ JEDER GIBT SEINEN SENF DAZU

Senf in der Vinaigrette ist nicht nur Geschmackssache. Wenn Sie eine leicht gebundene Sauce mögen, rühren Sie einfach ein wenig gewöhnlichen Senf hinein, er sorgt für eine leichte Sämigkeit. Benutzen Sie aromatisierten Senf (z. B. Estragonsenf), um ohne große Umstände leckere Varianten herzustellen.

▼ DIE MISCHUNG MACHT'S

Egal, was für eine Vinaigrette
Sie herstellen, eines bleibt
immer gleich: Das Verhältnis
von Essig und Öl ist immer
1 zu 3. Bei süßen Essigen wie
Himbeeressig kann es auch
ein bisschen mehr sein.

▲ DEN DREH RAUS

Ich schüttele mein Dressing oft
in einem verschließbaren Glas.
Reste bewahre ich dann fest
verschlossen bis zu 3 Tagen im
Kühlschrank auf.

▶ IMMER DER REIHE NACH

Verrühren Sie erst den Essig
mit allen Zutaten außer dem Öl.
So lösen sich Salz und Zucker
besser auf. Rühren Sie erst
dann langsam das Öl unter.

Steps

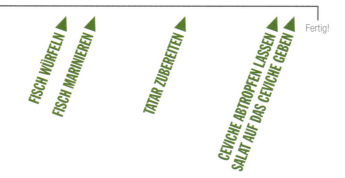

FISCH WÜRFELN
FISCH MARINIEREN
TATAR ZUBEREITEN
CEVICHE ABTROPFEN LASSEN
SALAT AUF DAS CEVICHE GEBEN
Fertig!

CEVICHE MIT MANGO-AVOCADO-TATAR

4–6 Portionen

ZUTATEN

500 g Doradenfilets ohne Haut oder
  jedes andere helle, feste Fischfilet
Salz
Pfeffer
150 ml Limettensaft, frisch gepresst
3–4 EL Olivenöl
1 Bund Frühlingszwiebeln
1 Mango, ca. 400 g
1–2 grüne Chilischoten
1 Bund Koriander
2 Avocados
etwas Friséesalat zum Garnieren

NÜTZLICHES GERÄT

Edelstahlringe von 8–10 cm Durchmesser

1 Doradenfilets in sehr kleine Würfel schneiden und in eine Schüssel
geben. Leicht salzen, pfeffern und mit dem Limettensaft (außer 1 EL)
sowie 2 EL Olivenöl mischen. 30 Minuten im Kühlschrank marinieren.

2 Frühlingszwiebeln putzen und in feine Scheiben schneiden.
Mango schälen, das Fruchtfleisch vom Stein schneiden und fein würfeln.
Chilischoten fein hacken. Wer es nicht so scharf mag, entfernt vorher
einfach die Kerne. Koriander fein schneiden. Avocado halbieren, entsteinen, das Fruchtfleisch aus der Haut lösen und würfeln.
Alles in einer Schüssel mit dem restlichen Öl und Limettensaft mischen
und mit Salz und Pfeffer würzen.

3 Das Ceviche gut abtropfen lassen und etwas von der Marinade auffangen. Das Tatar mithilfe eines Rings in der Mitte von vier Tellern anrichten.
Das Ceviche darauf geben, mit etwas grobem Pfeffer bestreuen. Salat
auf dem Fisch verteilen und alles mit etwas Marinade beträufeln.

WAS IST EIGENTLICH CEVICHE?

Ceviche ist eine aus Südamerika stammende Zubereitungsart von Fisch
und Meeresfrüchten. Anstatt den Fisch zu kochen, wird er in Limettensaft
mariniert, bis er zart ist. Nach dem Marinieren den Fisch sofort verwenden.

Steps

FÜLLUNG ZUBEREITEN ◀
BRUST FÜLLEN ◀
FLEISCH ANBRATEN ◀
120 MIN. IN DEN OFEN GEBEN ◀
FLEISCH BEGIESSEN ◀
FLEISCH BEGIESSEN ◀
FLEISCH RUHEN LASSEN ◀
Fertig!

GEFÜLLTE KALBSBRUST

6 Portionen

ZUTATEN

150 g Ciabatta vom Vortag
100 g Schlagsahne
2 Dosen Artischockenböden (400 g EW)
3 Knoblauchzehen
2 Stiele Salbei
2 Eier
1 Kalbsbrust, ca. 1,8 kg (Tasche vom Metzger einschneiden lassen)
200 g Knollensellerie
3 Zwiebeln
2 EL Olivenöl
2 EL Tomatenmark
300 ml trockener Weißwein

NÜTZLICHES GERÄT

Küchengarn und Fleischnadel oder Zahnstocher

1 Brot in Würfel schneiden und in einer Schüssel mit der Sahne übergießen. Artischockenböden abtropfen lassen und klein schneiden. Knoblauch pellen und fein hacken. Salbei von den Stielen zupfen und fein schneiden. Alles mit den Eiern zum Brot geben, salzen und pfeffern und kräftig vermengen (unten links).

2 Die Brust innen und außen salzen und pfeffern. Die Füllung fest hineingeben und die Tasche mit Küchengarn und einer Fleischnadel oder Zahnstochern verschließen (unten Mitte und rechts).

3 Sellerie und Zwiebeln putzen und grob würfeln.

4 Öl in einem Bräter erhitzen und die Brust darin rundherum kräftig anbraten. Herausnehmen und das Gemüse im Bräter anschwitzen. Tomatenmark unterrühren und den Weißwein und 100 ml Wasser angießen.

5 Brust wieder in den Bräter geben und alles 2 Stunden im vorgeheizten Ofen bei 190 °C (Umluft 170 °C) garen. Dabei einige Male mit dem Fond übergießen. Brust kurz ruhen lassen, den Bratsatz durch ein Sieb geben und abschmecken.

27

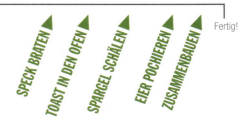

EGGS ELLERBEK

4 oder 8 Portionen

ZUTATEN

16 Scheiben durchwachsener Speck
8 Scheiben Toastbrot
500 g grüner Spargel
1 Tomate
4 EL weißer Essig
8 sehr frische Eier
200 ml Hollandaise (Fertigprodukt)
2 EL Estragonsenf
50 g Crème fraîche

1 Speck auf ein Blech geben und im heißen Ofen bei 200 °C (Umluft 190 °C) knusprig braten.

2 Toastscheiben auf ein Blech geben und von beiden Seiten unter dem Ofengrill goldbraun rösten. Inzwischen die holzigen Enden vom Spargel abschneiden und das untere Drittel schälen. In kochendem Salzwasser 5–6 Minuten kochen. Abgießen und beiseite stellen. Tomate in Scheiben schneiden.

3 1,5 l Wasser (ohne Salz!) mit dem Essig aufkochen. Die Eier in eine Schüssel schlagen, dabei darauf achten, dass sie heil bleiben. Das kochende Wasser mit einem Löffel kräftig rühren (unten links) und die Eier sachte hineingleiten lassen (unten Mitte). Durch die Drehung des Wassers trennen sich die Eier sofort voneinander. Das Wasser erneut aufkochen, Topf von der Kochstelle nehmen und die Eier 3–4 Minuten pochieren. Eier mit einer Schaumkelle herausnehmen (unten rechts) und gut abtropfen lassen. Hollandaise, Estragonsenf und Crème fraîche verrühren.

4 Tomaten und Spargel auf den Toasts verteilen. Je ein Ei darauf geben. Sauce über die Eier löffeln. Speck darauf geben und sofort servieren.

SPINAT AUFTAUEN

TEIG ANRÜHREN
PUDDINGS 20 MIN. BACKEN
FÜLLUNG ZUBEREITEN

PUDDINGS FÜLLEN
5 MIN. IN DEN OFEN GEBEN

YORKSHIRE-PUDDINGS

12 Stück oder 6 Portionen

ZUTATEN

200 g Mehl
Salz
Pfeffer
175 ml Milch
100 ml Wasser
2 Eier
Öl für die Form
400 g tiefgekühlter Blattspinat, aufgetaut
200 g italienische Mortadella im Stück
2 kleine Zwiebeln
2 EL Olivenöl
Muskatnuss
100 g Ricotta

NÜTZLICHES GERÄT

Handrührgerät
Muffinform

1 Mehl in eine Schüssel sieben und salzen und pfeffern. Milch und Wasser dazugeben und mit den Quirlen des Handrührgeräts langsam verrühren. Eier unterrühren und zu einem glatten Teig verarbeiten.

2 Je einen TL Öl in die Mulden einer Muffinform füllen und in den auf 220 °C vorgeheizten Ofen stellen (Umluft nicht empfehlenswert). Sehr heiß werden lassen und den Teig dann rasch in die Mulden gießen. Ca. 20 Minuten backen.

3 Inzwischen den Spinat gut ausdrücken und grob hacken. Mortadella klein würfeln. Die Zwiebeln fein würfeln.

4 Das Olivenöl in einer Pfanne erhitzen, die Zwiebeln darin glasig anschwitzen, den Spinat dazugeben. Mit Salz, Pfeffer und etwas geriebener Muskatnuss würzen.

5 Spinat, Mortadella und Ricotta in die Yorkshire-Puddings füllen und für weitere 5 Minuten in den Ofen geben.

Steps

INGWER HACKEN
EIGELB VERQUIRLEN
MILCH AUFKOCHEN
CA. 30 MIN. IN DEN OFEN GEBEN

GRATINIEREN

Fertig!

INGWER-CRÈMES-BRÛLÉES

6 Portionen

ICH MACHE MEINE BRÛLÉES IMMER OHNE WASSERBAD.
DAS IST EINFACH UND FUNKTIONIERT BESTENS. WICHTIG IST
NUR, DASS DIE FÖRMCHEN AUF EINEM BLECH STEHEN,
DAMIT DIE HITZE NICHT ZU DIREKT IST.

ZUTATEN

75 g kandierter Ingwer in Sirup (nach
   Geschmack kann man auch mehr
   oder weniger verwenden)
6 Eigelb Gr. M
ca. 200 g brauner Zucker
300 g Crème fraîche
200 ml Milch

NÜTZLICHES GERÄT

6 flache Förmchen à 125 ml Inhalt
Backblech
Bunsenbrenner

1 Den Ingwer abtropfen lassen und fein hacken. Ingwer, 3 EL des Sirups,
   Eigelb und 75 g Zucker in einer Schüssel verrühren. Crème fraîche und
   Milch aufkochen, etwas abkühlen lassen und unter die Eiermasse rühren.
   Die Mischung in sechs flache Förmchen von 125 ml Inhalt verteilen.
   Förmchen auf ein Blech geben.

2 Die Crèmes im vorgeheizten Ofen bei 100 °C (Umluft nicht empfehlenswert) etwa 30–40 Minuten backen. Die fertige Crème sollte in der Mitte
   noch leicht weich sein. Crèmes etwas abkühlen lassen. Bis zur weiteren
   Verwendung kalt stellen.

3 Zum Gratinieren die Crèmes gleichmäßig mit dem restlichen Zucker bestreuen. Den Zucker mit dem Bunsenbrenner goldbraun karamellisieren.
   Die Crèmes kurz abkühlen lassen und servieren.

AUF DEM MARKT
GIBT ES GUTE IDEEN
GRATIS

Hier kann ich es ja zugeben: Es gibt hin und wieder Tage, an denen mir nichts einfällt. Absolut nichts. Dann stelle ich mir den Wecker besonders früh und fahre zum Markt. Da gibt es erst mal einen Kaffee und einen Klönschnack. Danach geht es ab durch die Gänge. Gerade heute, wo jedes Produkt eigentlich immer erhältlich ist, hat der Markt für mich einen ganz besonderen Nutzen. Er erinnert mich daran, was wirklich gerade Hochsaison hat. Wenn ich irgendwo zwei mickrige Schalen Erdbeeren sehe und daneben einen ganzen Berg Quitten, weiß ich gleich, was es abends im Weißen Haus geben wird.

Steps

Fertig!

PILZE PUTZEN ▲
SPECK SCHNEIDEN ▲
FÜLLUNG GAREN ▲
PILZE FÜLLEN ▲
CA. 15 MIN. IN DEN OFEN GEBEN ▲

GEFÜLLTE PORTOBELLOS

4 Portionen

ZUTATEN

8 Portobellopilze, ca. 12 cm Durchmesser (ersatzweise Füllchampignons)

150 g milder durchwachsener Speck

3 kleine Zwiebeln

400 g Eiertomaten

4–5 EL bestes Olivenöl

Salz

Pfeffer

5 Zweige zarter Thymian

175 g Blauschimmelkäse (Roquefort oder Danish Blue)

1 Die Stiele der Portobellopilze abbrechen und die Enden abschneiden. Schmutz mit einer Bürste entfernen und die Stiele sehr fein würfeln. Speck in ebenso große Würfel schneiden. Zwiebeln pellen und fein würfeln. Die Tomaten vierteln, entkernen und in Streifen schneiden. Die Pilzhüte mit der Öffnung nach oben auf ein Blech geben.

2 1 EL Olivenöl in einer Pfanne erhitzen und den Speck darin glasig dünsten, die gewürfelten Stiele und die Zwiebeln dazugeben und weitere 2 Minuten braten. Mit Salz und Pfeffer würzen. Thymian grob schneiden und in die Pfanne geben. Die Masse etwas abkühlen lassen und die Tomaten untermischen.

3 Masse auf die Pilzhüte verteilen. Den Schimmelkäse zerbröseln und über die Pilze geben. Im heißen Ofen bei 200 °C (Umluft 180 °C) 12–15 Minuten backen.

4 Auf einer Platte mit dem restlichen Olivenöl beträufeln.

SALAT MIT KARAMELLNÜSSEN

75 g Walnusskerne, 15 g Butter, 2–3 TL Zucker, Salz,
2 Köpfe Blattsalat, 250 g frische Himbeeren, Heidel-
beeren oder Johannisbeeren oder eine Mischung
davon, 2 TL Dijonsenf, 3 EL Himbeeressig, weißer
Pfeffer, 6–7 EL Walnussöl

1 Walnusskerne grob hacken und in einer Pfanne bei
   mittlerer Hitze ohne Fett leicht rösten. Butter dazugeben, mit dem Zucker und einer Prise Salz bestreuen
   und unter Rühren karamellisieren lassen. Auf einen
   leicht geölten Teller oder ein Blech geben und abkühlen lassen. Die Nüsse anschließend zerbrechen, da
   sie durch den Zucker etwas zusammenkleben.
2 Den Salat putzen, in kaltem Wasser waschen und
   trockenschleudern. Salat auf eine Platte oder vier
   Teller geben. Die Beeren über den Salat streuen.
3 Senf und Himbeeressig mit etwas Salz und Pfeffer
   verrühren. Das Walnussöl dazugeben und zu einer
   glatten Vinaigrette verrühren. Den Salat mit der Sauce
   beträufeln und mit den Walnusskernen bestreuen.

BOHNENSALAT MIT RADICCHIO

750 g Brechbohnen, Salz, 150 g rote Zwiebeln, 3 EL
Weißweinessig, 2 TL Zucker, 1 EL grober Senf, schwarzer Pfeffer, 8–9 EL Olivenöl, 1 Bund glatte Petersilie,
2 Köpfe Radicchio oder Trevisano, 2 EL Haselnusskerne

1 Bohnen putzen und in kochendem Salzwasser 8 Minuten kochen. Abgießen und gut abtropfen lassen.
2 Zwiebeln pellen und in sehr feine Streifen schneiden.
3 Essig, Zucker, Senf und etwas Salz und Pfeffer in einer
   Schüssel verrühren. Öl unterrühren. Bohnen und
   Zwiebeln dazugeben und 20 Minuten ziehen lassen.
4 Petersilie fein schneiden und unter die Bohnen mischen. Radicchio putzen, waschen und trockenschleudern. Auf eine Platte geben und die Bohnen darüber
   geben. Die Haselnusskerne hacken und darüber streuen.

GRÜNER SPARGEL MIT ZITRUS

100 g heller Friséesalat, 2 Orangen, 2 kleine rosa Grapefruits, 2 kleine weiße Grapefruits, 2 EL Himbeer-essig, Salz, Pfeffer, Zucker, 20 g frische Ingwerwurzel, 8–9 EL bestes Olivenöl, 1 kg grüner Spargel

1 Den Frisée putzen, waschen und trockenschleudern. Die Orangen und Grapefruits mit einem Messer so schälen, dass sämtliche weiße Haut entfernt wird. Die Filets aus den Trennhäuten schneiden und in ein Sieb geben, dabei den anfallenden Saft auffangen.

2 Aufgefangenen Zitrussaft, Essig, Salz, Pfeffer und etwas Zucker verrühren. Den Ingwer schälen, fein reiben und dazugeben. Das Öl unterrühren.

3 Grünen Spargel putzen, dabei die unteren holzigen Enden abschneiden. Wer mag, schält das untere Drittel. In kochendem Salzwasser 6 Minuten kochen, abgießen und warm auf eine Platte geben. Orangen- und Grape-fruitfilets auf dem Spargel verteilen und mit grobem Pfeffer würzen. Den Frisée darüber geben und alles mit der Vinaigrette beträufeln.

SPINATSALAT MIT GEBRATENEN TOMATEN

4 EL weißer Balsamico-Essig, 100 g junger Ziegenkäse (z. B. Picandou), 5 EL Olivenöl, Salz, schwarzer Pfeffer, 400 g Frühlingsblattspinat oder Neuseeland-Spinat, 6 mittelgroße Eiertomaten, ca. 4 EL Zucker

1 Essig und 5 EL heißes Wasser in einem kleinen Topf aufkochen und mit dem Ziegenkäse und 4 EL Olivenöl verrühren. Mit Salz und Pfeffer würzen und beiseite stellen.

2 Spinat putzen, waschen und trockenschleudern.

3 Tomaten quer halbieren. Die Schnittflächen in den Zucker drücken. Restliches Öl in einer Pfanne erhitzen und die Tomaten mit den Schnittflächen nach unten in die Pfanne geben. So lange braten, bis die Tomaten hellbraun karamellisieren.

4 Spinat mit der Ziegenkäsesauce und den Tomaten auf Teller geben und mit reichlich grobem schwarzem Pfeffer bestreut servieren.

WORKSHOP SALAT

▼ JETZT ABER SCHNELL

Knackige Salate bleiben leider nicht lange so. Ich kaufe deswegen den Salat immer zu allerletzt auf dem Markt ein und bringe ihn sofort nach Hause. Bereite ich ihn nicht gleich zu, kommt er sofort feucht eingewickelt in den Kühlschrank.

▶ SO RICHTIG DEN KOPF GEWASCHEN

Geht ganz einfach: äußere Blätter entfernen, dann den Salat in stehendem Wasser waschen. Ist viel Sand im Waschbecken, Wasser wechseln und den Vorgang einfach wiederholen.

▲ KOPFÜBER AUS BEM BECKEN

Um sicherzugehen, dass der Dreck auch im Wasser bleibt und nicht zwischen den Zähnen knirscht, heben Sie den Kopf umgedreht aus dem Wasser, und zwar mit einem kräftigen Ruck. Den Rest erledigt die Schwerkraft.

▼ **KEIN SCHLEUDERTRAUMA**

Wenn ich einen Salat serviert bekomme, der in einer Pfütze dünner Vinaigrette schwimmt, frage ich immer: »Keine Salatschleuder? Ich vermute, deine Wäsche hängst du auch klitschnass auf.« Das versteht jeder auf Anhieb.

▲ **SALZ MACHT MÜDE BLÄTTER MUNTER**

Auch wenn es etwas erstaunlich klingt: Schlapper Salat wird nach einem kurzen Bad in kräftig gesalzenem, lauwarmem Wasser wieder knackfrisch. Den Salat danach aber einmal kurz kalt abspülen, um das Salz zu entfernen.

▶ **GESCHMEIDIG ANGEMACHT**

Edles Dressing und frisches Grünzeug ergeben nicht automatisch einen guten Salat. Ertränken Sie Ihren Salat nicht in einem Ozean aus Vinaigrette. Geben Sie nach und nach nur so viel dazu, wie der Salat aufnehmen kann. Die Suppe gibt es schließlich beim nächsten Gang.

RADIESCHENSALAT MIT ERDNÜSSEN

3–4 Bund Radieschen, 3–4 TL Zucker, 1 TL Salz, 3 EL
Balsamico-Essig, 3 EL Sojasauce, 5 EL Öl, 1 TL Sesam-
öl, Pfeffer, 2 EL Erdnusskerne, 4 Frühlingszwiebeln,
3–4 Stiele Koriander (oder Petersilie)

1   Radieschen putzen und mit einem Messer oder
    Becher andrücken, sodass sie etwas aufplatzen.
    Mit Zucker und Salz bestreuen und ca. 20 Minuten
    stehen lassen, damit sie etwas Wasser ziehen.
2   Den Balsamico-Essig, die Sojasoße, beide Öle und
    etwas Pfeffer verrühren und die Vinaigrette einige
    Minuten ziehen lassen.
3   Erdnüsse in einer Pfanne rösten und anschließend
    hacken. Frühlingszwiebeln in feine Scheiben schnei-
    den. Koriander fein schneiden.
4   Alles mit den Radieschen vermengen und sofort
    servieren.

APFEL-KOHLRABI-SALAT

4 Zweige Thymian, 200 g Magerjoghurt, 2 EL Olivenöl,
2 EL Zitronensaft, Salz, Pfeffer, Zucker, 500 g Kohlrabi,
2 säuerliche Äpfel, 3 Frühlingszwiebeln

1   Den Thymian von den Stielen zupfen und fein schnei-
    den. Mit dem Joghurt, Olivenöl, Zitronensaft und Salz,
    Pfeffer und Zucker verrühren.
2   Kohlrabi schälen. In dünne, breite Streifen schneiden
    oder hobeln. Äpfel waschen, vierteln und entkernen.
    In sehr feine Scheiben hobeln. Die Frühlingszwiebeln
    putzen und in sehr feine Scheiben schneiden.
3   Kohlrabi, Äpfel und Zwiebeln mit dem Joghurtdressing
    mischen und eventuell mit etwas Salz, Pfeffer und
    Zucker nachwürzen.

 Dazu passt geröstetes Nussbrot. Auch mit
etwas geriebenem Meerrettich schmeckt dieser
schnelle Salat genial.

ROTE-BETE-SALAT MIT BIRNEN

1 Bio-Zitrone, Salz, Pfeffer, Zucker, 8 EL kaltgepresstes Rapsöl, 1 Zweig Rosmarin, 2 feste Birnen, 2 Rote Bete à 200 g

1 Die Zitrone heiß abspülen. Die Schale fein abreiben und den Saft auspressen.
2 Zitronensaft, Zitronenschale, Salz, Pfeffer und Zucker verrühren. Öl unterrühren. Die Rosmarinnadeln vom Zweig zupfen und so fein wie möglich schneiden. Unter die Vinaigrette rühren.
3 Die Birnen waschen und halbieren. Kerne entfernen, in sehr feine Streifen hobeln. Rote Bete waschen und schälen. Auf einer Rohkostreibe in sehr feine Streifen hobeln.
4 Die Vinaigrette über die Rote Bete und die Birnen geben und 15 Minuten ziehen lassen. Nochmals, wenn nötig, mit etwas Salz und Pfeffer würzen.

ROHER SPARGELSALAT MIT VANILLE

1 kg weißer Spargel, 1 Bund Schnittlauch, Salz, 3 EL Limettensaft, Pfeffer, 4 EL Nussöl, 6 EL neutrales Speiseöl (z. B. Rapsöl), 1/2 Vanilleschote, Zucker

1 Den Spargel waschen und schälen. Die unteren holzigen Enden abschneiden. Den Spargel in sehr dünne, schräge Scheiben schneiden. Den Schnittlauch putzen und sehr fein schneiden. Beides in einer Schüssel mischen und leicht salzen.
2 Limettensaft, Salz und Pfeffer verrühren, das Öl dazugeben. Die Vanilleschote längs halbieren, das Mark auskratzen und unterrühren. Die Vinaigrette über den Spargel geben und alles gründlich mischen. 25 Minuten marinieren lassen. Mit etwas Zucker und Pfeffer würzen.

 Für eine mildere Variante ersetze ich den Schnittlauch durch Kerbel.

Steps

MARINADE VORBEREITEN
PAPRIKA GRILLEN
10 MIN. DÄMPFEN
PAPRIKA ABZIEHEN
MARINIEREN

Fertig!

PEPERONATA AUS DEM OFEN

4–6 Portionen

ZUTATEN

50 g Schalotten
1 1/2 TL flüssiger milder Honig
   (z. B. Akazienhonig)
4 TL Zitronensaft
4 EL Olivenöl
Salz
schwarzer Pfeffer
1 rote Chilischote
3 rote Paprikaschoten à 200 g
3 gelbe Paprikaschoten à 200 g

1 Schalotten pellen und fein würfeln. Mit dem Honig, Zitronensaft und Olivenöl verrühren, mit Salz und Pfeffer würzen. Chilischote entkernen, fein hacken und dazugeben.

2 Paprikaschoten vierteln, entkernen und mit der Hautseite nach oben auf ein Backblech legen. Unter dem vorgeheizten Grill rösten, bis die Haut schwarz wird und Blasen wirft. Paprikaschoten in eine Schüssel geben und mit einem Teller bedeckt 10 Minuten dämpfen lassen.

3 Die Haut abziehen und die warmen Paprikaviertel in die Vinaigrette geben, vermischen und 30 Minuten ziehen lassen.

SÜSSE AVOCADOCREME

3 reife Avocados, 75 ml Limettensaft, 75 g Puderzucker, 175 g Schlagsahne, 2 EL Zucker, abgeriebene
Schale einer unbehandelten Limette, etwas Zitronenmelisse und Puderzucker zum Garnieren

1 Avocados halbieren, die Steine entfernen und das
Fruchtfleisch aus der Schale löffeln. Fruchtfleisch,
Limettensaft und Puderzucker in ein hohes Gefäß
geben und mit dem Mixstab fein pürieren.
2 Sahne und Zucker steif schlagen. Mit der Limettenschale gleichmäßig unter die Avocadocreme heben.
3 Die Creme in Tassen oder Schälchen füllen und
30 Minuten kalt stellen. Mit Zitronenmelisse und
Puderzucker dekoriert servieren.

GERÖSTETER KÜRBIS

2 Hokkaido-Kürbisse à 600 g, Salz, Pfeffer, 2 EL Oliven-
öl, 2 Schalotten, 1 Knoblauchzehe, 3 Stiele Salbei, 50 g
Amarettikekse, 50 g Parmesan am Stück, 50 g weiche
Butter, Muskatnuss

1 Kürbisse halbieren und die Kerne entfernen. Innen
salzen und pfeffern und leicht ölen. Im auf 210 °C
vorgeheizten Ofen (Umluft nicht empfehlenswert) ca.
40 Minuten weich backen.
2 Inzwischen die Schalotten pellen und fein würfeln.
Knoblauch hacken. Zusammen in 1 EL Olivenöl farblos
anschwitzen. Salbei fein schneiden und dazugeben.
Die Amarettikekse zerstoßen, Parmesan fein reiben.
3 Das Kürbisfleisch aus den Kürbissen kratzen. Alle Zutaten vermengen und kurz erhitzen. Salzen, pfeffern
und mit etwas Muskat würzen. Mit einigen Amaretti-
keksen garnieren.

MARINIERTE AUBERGINENWÜRFEL

3 Auberginen à 400 g, Salz, Saft und fein abgeriebene
Schale einer Bio-Zitrone, 6 EL Olivenöl, 50 g Kapern, in
Salz konserviert, 3 Sardellenfilets aus dem Glas oder
1 TL Sardellenpaste, 1 Bund glatte Petersilie, 3 Stiele
Minze, Pfeffer, Zucker, Mehl, Öl zum Frittieren

1 Auberginen dünn schälen, Schale aufbewahren.
   Fruchtfleisch 1 cm groß würfeln. In kochendem, gesalzenem Wasser 30 Sekunden blanchieren. Abgießen
   und gut abtropfen lassen.
2 Inzwischen Zitronensaft und Olivenöl verrühren. Die
   Salzkapern grob hacken, Sardellen mit einem Messer
   zerdrücken. Petersilie und Minze fein schneiden.
3 Kapern, Sardellenpaste und Kräuter mit der Vinaigrette
   und den Auberginen mischen und 30 Minuten marinieren. Anschließend mit Salz, Pfeffer und Zucker würzen.
4 Die Auberginenschale in sehr feine Streifen schneiden
   und leicht salzen. Durch etwas Mehl ziehen und in
   reichlich 180 °C heißem Frittierfett knusprig ausba-
   cken. Abtropfen und über die Würfel geben.

FINGERMÖHREN MIT ZITRONE

1 kg süße Bundmöhren, Salz, 1 Bio-Zitrone, 1–2 TL
Honig, Pfeffer, 8 EL bestes Olivenöl, 3–4 Stiele Frei-
land-Basilikum, Fleur de Sel (bestes Meersalz)

1 Möhren waschen und schälen. Große Möhren längs
   halbieren. In kochendem Salzwasser 6–8 Minuten
   bissfest, aber nicht hart kochen.
2 Inzwischen die Zitrone heiß abspülen. Die Schale fein
   abreiben und den Saft auspressen. Beides in einer
   Schüssel mit dem Honig, Salz und Pfeffer verrühren.
   Öl unterrühren.
3 Die Möhren abgießen und gut abtropfen lassen.
   Möhren heiß in die Schüssel geben und durch-
   schwenken. Die Möhren mindestens 1 Stunde in der
   Vinaigrette marinieren.
4 Kurz vor dem Servieren Basilikum grob schneiden
   und über die Möhren geben. Mit etwas Fleur de Sel
   bestreuen.

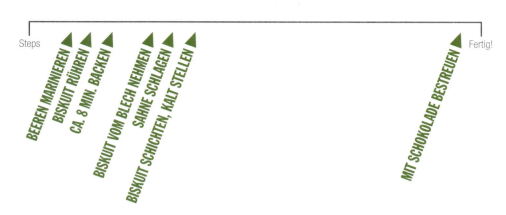

Steps

BEEREN MARINIEREN
BISKUIT RÜHREN
CA. 8 MIN. BACKEN
BISKUIT VOM BLECH NEHMEN
SAHNE SCHLAGEN
BISKUIT SCHICHTEN, KALT STELLEN

MIT SCHOKOLADE BESTREUEN

Fertig!

SÜSSE BEEREN-LASAGNE

6–8 Portionen

ZUTATEN

750 g gemischte Beeren
1 EL Honig
2 EL Zimt
50 g Butter
4 Eier Gr. M, Zimmertemperatur
150 g Zucker
100 g Mehl
20 g Kakaopulver
etwas Zucker für das Handtuch
200 g Schlagsahne
200 g Sahnequark
1 Vanilleschote
weiße Kuvertüre zum Garnieren

NÜTZLICHES GERÄT

Backpapier
Küchenhandtuch
Auflaufform

1 Beeren putzen, eventuell klein schneiden, mit dem Honig und Zimt in einer Schüssel mischen, etwas ziehen lassen.

2 Ein Backblech von ca. 35 x 40 cm mit Backpapier auslegen. Die Butter in einem kleinen Topf zerlassen.

3 Die Eier und 100 g Zucker mit dem Handrührgerät 10 Minuten auf höchster Stufe cremig schlagen. Die abgekühlte, flüssige Butter unterrühren. Das Mehl mit dem Kakao mischen, auf die Eiermasse sieben und behutsam unterheben. Den Teig gleichmäßig auf das vorbereitete Blech streichen.

4 Im vorgeheizten Ofen bei 220 °C (Umluft 200 °C) 8–9 Minuten auf der zweiten Einschubleiste von unten backen. Ein Küchenhandtuch auf der Arbeitsfläche mit Zucker bestreuen. Den Biskuitboden mit dem Papier vom Blech ziehen und umgedreht auf das Handtuch legen. Das Papier gleichmäßig mit etwas Wasser beträufeln und nach 2 Minuten vorsichtig abziehen. Biskuit auskühlen lassen und quer halbieren.

5 Sahne mit dem restlichen Zucker steif schlagen. Mit dem Quark und dem ausgekratzten Mark der Vanilleschote vermengen.

6 Eine Hälfte des Biskuitbodens in eine Auflaufform von 25 x 20 cm geben und etwas andrücken. Die Früchte auf dem Boden verteilen, die Quarkcreme darüber geben und glatt streichen. Die zweite Biskuithälfte auflegen und ebenfalls etwas andrücken.

7 Eine Stunde kalt stellen. Die weiße Kuvertüre wie Parmesan über den Biskuit hobeln.

48

FEINSCHMECKER? NEE,
FREUNDE

Wer eine Zucchini nicht von einer Gurke unterscheiden kann, ist meist nicht wählerisch, wenn es darum geht, was auf den Tisch kommt. Meinen Kumpels war es immer wichtiger, mit möglichst wenig Geld möglichst viele Leute mit möglichst wenig Aufwand satt zu kriegen. So blieb mehr Kohle für Bier und mehr Zeit zum Schrauben übrig. Und was echte Kerle sind, die halten an ihren Idealen und ihren Lieblingsgerichten ein Leben lang fest. Deshalb gibt es hier Preiswertes, Leckeres und Einfaches nur für sie. Und für alle anderen, die meinen, dass gutes Essen auch dann gelingen muss, wenn man beim Kochen einen Schraubenzieher in der Hand hält. Oder einen Flaschenöffner.

Steps

WURST SCHNEIDEN
KÄSE SCHNEIDEN
SAUCE VERRÜHREN
30 MIN. DURCHZIEHEN LASSEN

RETTICH HOBELN

Fertig!

KÄSE-WURST-SALAT

8 Portionen

ZUTATEN

300 g Bergkäse in Scheiben (Comté
    oder Allgäuer Bergkäse)
500 g Fleischwurst
2–3 rote Zwiebeln
1 Bund Schnittlauch
6–8 EL Apfelessig
2 EL scharfer Senf
2 EL süßer bayrischer Senf
Salz
Pfeffer
6–8 EL Sonnenblumenöl
250 g weißer Rettich

1 Käse und Wurst fein schneiden. Zwiebeln in sehr dünne Ringe schneiden. Schnittlauch in sehr feine Röllchen schneiden.

2 Essig und beide Senfsorten mit etwas Salz und Pfeffer in einer Schüssel verrühren. Öl unterrühren. Käse, Wurst, die Hälfte der Zwiebeln und den Schnittlauch dazugeben und vermischen. Eine halbe Stunde marinieren. Erneut durchmischen und eventuell mit Salz und Pfeffer würzen.

3 Rettich schälen, in sehr dünne Scheiben hobeln. Leicht salzen und kurz vor dem Servieren unter den Salat heben. Die restlichen Zwiebelringe über den Salat verteilen.

Steps Fertig!

SAUCE KOCHEN ◀
SPAGHETTI KOCHEN ◀
ALLES MISCHEN ◀
PÄCKCHEN VERSCHLIESSEN ◀
CA. 15 MIN. IN DEN OFEN GEBEN

SCHARFE SPAGHETTI IN PAPIER

4 Portionen

ZUTATEN

3 Zwiebeln
3 Knoblauchzehen
2 rote Chilischoten
3 EL Olivenöl
2 Dosen Pizza-Tomaten (400 g EW)
Salz, schwarzer Pfeffer, Zucker
500 g Spaghetti
je 1/2 Bund Basilikum und glatte
   Petersilie
2 Zweige Thymian
4 kleine Zweige Rosmarin
etwas Olivenöl für das Papier
100 g grüne Oliven mit Stein,
   abgetropft
50 g Kapern, abgetropft

NÜTZLICHES GERÄT

Backpapier

1 Zwiebeln und Knoblauch pellen und hacken. Chilischoten längs halbieren und die Kerne entfernen. Chilischoten fein würfeln.

2 Olivenöl in einem Topf erhitzen und Zwiebeln und Knoblauch darin anschwitzen. Chilischote dazugeben, kurz mitdünsten und die Tomaten dazugeben. Aufkochen und bei mittlerer Hitze 15 Minuten kochen lassen. Salzen, pfeffern und mit etwas Zucker abrunden.

3 Spaghetti nach Packungsanweisung in kochendem Salzwasser bissfest kochen. Abgießen und kurz kalt abschrecken.

4 Die Kräuter, außer Rosmarin, fein schneiden und mit der Sauce und den Spaghetti in einer Schüssel vermengen. 4 Stück Backpapier (30 x 50 cm) leicht ölen. Oliven entsteinen und klein schneiden. Die Spaghetti auf die untere Hälfte der Backpapierblätter legen. Rosmarinzweige, Oliven und Kapern darauf verteilen. Salzen und pfeffern.

5 Die Blätter zusammenfalten und fest verschließen. Das geht am einfachsten, wenn man den Rand immer wieder von einer Seite her überfaltet.

6 Im vorgeheizten Ofen bei 200 °C (Umluft 180 °C) 15 Minuten backen.

Steps

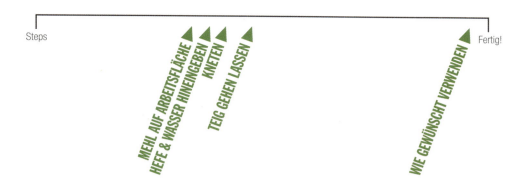

MEHL AUF ARBEITSFLÄCHE
HEFE & WASSER HINEINGEBEN
KNETEN
TEIG GEHEN LASSEN
WIE GEWÜNSCHT VERWENDEN
Fertig!

PIZZATEIG

Für 2 Pizzen (24 cm Durchmesser)

ZUTATEN
275 g Mehl
1/2 Stück frische Hefe (20 g)
ca. 125 ml warmes Wasser
2 TL flüssiger Honig
1 gestrichener TL Salz
1 EL Olivenöl
Mehl zum Bearbeiten

ICH FRIERE GERNE EINE HÄLFTE DES TEIGS VOR DEM GEHEN EIN. WENN ICH DANN WIEDER PIZZA BACKEN WILL, LASSE ICH DEN TEIG EINFACH AUFTAUEN. DABEI GEHT ER AUCH SCHON, UND ICH KANN GLEICH LOSLEGEN.

1 Mehl in eine Schüssel oder auf die Arbeitsfläche geben und in die Mitte eine Mulde drücken (unten links).

2 Hefe hineinbröckeln (unten Mitte) und das Wasser dazugießen. Den Honig in die Mulde geben und alles mit den Fingern vermengen. Salz und Olivenöl dazugeben und alles zu einem glatten Teig verarbeiten.

3 Teig auf der bemehlten Arbeitsfläche 5 Minuten kräftig mit den Händen kneten (unten rechts).

4 Pizzateig wieder in die Schüssel geben und mit etwas Mehl bestäuben. Mit einem Tuch abgedeckt etwa 40 Minuten an einem warmen Ort gehen lassen. Wie in den folgenden Rezepten beschrieben verwenden.

RÄUCHERLACHS-PIZZA

1 rote Zwiebel, 1 Rezept Pizzateig, 1–2 EL Olivenöl, 1/2 Bund Dill, 1 Bund Schnittlauch, 250 g Crème fraîche, schwarzer Pfeffer, 300 g Räucherlachs in dünnen Scheiben, 2 EL Keta-Kaviar (ersatzweise Forellenkaviar)

1 Den Ofen auf 250 °C vorheizen (Umluft 225 °C). Die Zwiebel in feine Ringe schneiden. Den Teig halbieren und auf einer bemehlten Fläche dünn ausrollen. Mit Olivenöl bestreichen und die Zwiebelstreifen darauf verteilen. In den heißen Ofen geben und auf der untersten Schiene ca. 12 Minuten knusprig backen.

2 Dill und Schnittlauch fein schneiden, etwas davon beiseite legen. Rest mit der Crème fraîche und dem frisch gemahlenen Pfeffer verrühren.

3 Pizza aus dem Ofen nehmen und die Crème fraîche darauf verteilen. Mit Lachs belegen und mit Kaviar und den restlichen Kräutern garnieren.

ENTENWURST-PIZZA

1 TL Fenchelsaat, 2 Entenkeulen, Salz, Pfeffer, 1 getrocknete Chilischote, 100 g getrocknete Tomaten in Öl, 1 Rezept Pizzateig, 100 g geriebener Provolone oder Pizzakäse, 100 g weicher Ziegenkäse (z. B. Saint Maure), 8 Blätter Salbei

1 Den Ofen auf 250 °C vorheizen (Umluft 225 °C). Fenchelsaat in einer Pfanne kurz rösten und im Mörser zerdrücken. Die Entenkeulen entbeinen und die Haut abschneiden. In der Küchenmaschine grob zerkleinern und in einer Schüssel mit Salz, Pfeffer, Fenchel und der zerbröselten Chilischote mischen.

2 Die getrockneten Tomaten mit etwas Öl und etwa 2 EL Wasser fein pürieren. Teig vierteln und dünn ausrollen.

3 Teigkreise mit dem Tomatenpüree bestreichen und den Käse darüber geben. Entenhack und Ziegenkäse auf den Pizzen verteilen. In den heißen Ofen geben und auf der untersten Schiene etwa 20 Minuten backen. Salbei fein schneiden und auf der Pizza verteilen.

KÜRBIS-ZWIEBEL-PIZZA

1/2 Rezept Pizzateig, Butter oder Öl und Mehl für das Blech, 150 g Crème fraîche, Salz, Pfeffer, 1 roter Apfel, 300 g Kürbisfleisch, 2–3 kleine Zwiebeln, 50 g Rauke, 50 g Tiroler Speck in Scheiben

1 Pizzateig auf einer bemehlten Fläche dünn ausrollen. Auf ein leicht gefettetes und mit Mehl bestreutes Blech legen. Crème fraîche mit Salz und Pfeffer verrühren und auf dem Pizzaboden verteilen.

2 Apfel mit einem Apfelausstecher entkernen. Kürbis, Apfel und Zwiebeln fein hobeln und auf dem Pizzaboden verteilen. Mit Salz und Pfeffer würzen.

3 Im vorgeheizten Ofen bei 220 °C (Umluft 200 °C) auf der untersten Schiene 30 Minuten backen.

4 Inzwischen Rauke putzen, waschen und trockenschleudern. Mit dem Tiroler Speck auf der Pizza verteilen und servieren.

Man kann natürlich auch die doppelten Mengen nehmen und 2 Pizzen herstellen.

FEIGEN-FOCACCIA

1 Rezept Pizzateig, Butter oder Öl und Mehl für das Blech, 2 EL Olivenöl, 2 Zweige Rosmarin, 400 g frische Feigen, Salz, schwarzer Pfeffer, 200 g Gorgonzola, 150 g heller Lauch

1 Den Teig auf einer bemehlten Fläche zu einem Rechteck von 30 x 35 cm ausrollen. Auf ein leicht gefettetes und mit Mehl bestreutes Blech legen.

2 Pizzateig mit dem Olivenöl einstreichen. Rosmarinnadeln fein schneiden und darauf verteilen.

3 Feigen halbieren und auf dem Boden verteilen. Leicht salzen und mit reichlich frisch gemahlenem Pfeffer würzen. Gorgonzola in Stückchen darauf verteilen. Lauch in feine Ringe schneiden und waschen. Abgetropft auf dem Boden verteilen. Die Focaccia im vorgeheizten Ofen bei 220 °C (Umluft 200 °C) auf der untersten Schiene 35 Minuten backen.

Steps

GEMÜSE SCHÄLEN

ANSCHWITZEN
BRÜHE DAZUGEBEN
KOCHEN LASSEN

SUPPE PÜRIEREN
PANCETTA BRATEN

Fertig!

PETERSILIENWURZELSUPPE

6–8 Portionen

ZUTATEN

150 g Zwiebeln
600 g Petersilienwurzeln
200 g Kartoffeln (mehlig kochend)
50 g durchwachsener Speck
1 EL Olivenöl
1,5 l Geflügel- oder Gemüsebrühe
2 Zweige Thymian
2 EL Honig
250 g Schlagsahne
Salz, Pfeffer
100 g Pancetta in sehr dünnen
　　Scheiben (ungeräucherter italieni-
　　scher Bauchspeck)
bestes Olivenöl

NÜTZLICHES GERÄT

großer Topf
Pürierstab
beschichtete Pfanne

1　Zwiebeln pellen und fein würfeln. Petersilienwurzeln und Kartoffeln waschen und schälen. In 2 cm große Würfel schneiden. Den Speck würfeln.

2　Öl in einem Topf erhitzen und Zwiebeln und Speck zusammen bei
mittlerer Hitze 4 Minuten anschwitzen. Petersilienwurzeln und Kartoffeln
dazugeben und eine weitere Minute anschwitzen.

3　Die Brühe angießen, zum Kochen bringen und 30 Minuten sanft kochen
lassen. Thymian fein schneiden. 5 Minuten vor Ende der Garzeit Honig
und Thymian in die Suppe geben.

4　Die Suppe fein pürieren, die Sahne dazugeben, erneut kurz aufkochen
und mit Salz und Pfeffer würzen.

5　Pancetta in einer beschichteten Pfanne knusprig braten. Die Suppe in
tiefe Teller geben. Pancetta darauf verteilen und mit dem besten Olivenöl
beträufeln.

DIE PERFEKTE WELLE

Pancetta, Bacon und Speck in Scheiben lassen sich sehr gut in der
Mikrowelle braten. Die Scheiben auf einen Teller geben und mit etwas
Küchenkrepp abdecken. Je nach Wattstärke 1–2 Minuten braten.

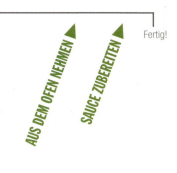

HOCHRIPPE MIT KRÄUTERN

8 Portionen

ZUTATEN

1 Hochrippe vom Rind ohne Knochen,
  ca. 2,8 kg
Salz
Pfeffer
je 1/2 Bund Rosmarin, Thymian und
  Oregano
2 EL Öl
2 Zwiebeln
2 Möhren
100 g Knollensellerie
175 g Tomaten
3 Knoblauchzehen
50 ml Weißwein
250 ml Kalbsfond

NÜTZLICHES GERÄT

Küchengarn
große Pfanne
Fleischthermometer

1 Die Hochrippe mit Salz und Pfeffer einreiben. Kräuter auf das Fleisch legen und mit Küchengarn festbinden. Das Öl in einer Pfanne erhitzen und das Fleisch rundherum scharf anbraten.

2 Inzwischen das Gemüse und den Knoblauch putzen, in grobe Stücke schneiden und in einen Bräter geben. Das Fleisch darauf setzen und im vorgeheizten Ofen bei 100 °C (Umluft nicht empfehlenswert) 3 1/2 Stunden braten. Die Kerntemperatur sollte, mit einem Fleischthermometer gemessen, 64 °C für medium betragen. Wer es lieber etwas mehr durch mag, lässt das Fleisch entsprechend länger im Ofen.

3 Die Hochrippe herausnehmen und auf ein Blech legen. Im ausgeschalteten Ofen warm halten.

4 Das Gemüse im Bräter mit Weißwein und Kalbsfond ablöschen und auf dem Herd zum Kochen bringen. Um ein Viertel einkochen lassen. Durch ein Sieb gießen, salzen und pfeffern. Hochrippe in Scheiben schneiden und mit dem Bratensaft servieren.

WORKSHOP KRÄUTER

▼ GRÜNE GARTENZWERGE

Kräuter sind ein unerlässlicher Teil meiner Küche. Kaum ein Gericht kommt ohne sie aus. Ich habe deshalb hinter der Küche einen kleinen Garten, um ratzfatz an frischeste Kräuter zu gelangen.

▶ HÄNGT SIE HÖHER

Wer übrig gebliebene Kräuter trocknen will, bindet sie zu kleinen Bunden zusammen und hängt sie kopfüber an einem nicht zu warmen, trockenen Ort auf. Fertig sind sie, wenn es raschelt.

▲ ANGEBOT UND NACHFRAGE

Welche Kräuter ich verwende, ist immer eine Frage der Jahreszeit. Im Sommer bevorzuge ich Kräuter direkt von der Pflanze aus dem Garten, zu den anderen Zeiten lose Bundware. Bekomme ich beides nicht, nehme ich auch mal einen Topf. Meine Devise ist einfach: Frisch ist Pflicht, trocken geht gar nicht.

▼ EINE FRAGE DER TECHNIK

Wie beim Film kommt es bei Kräutern auf den richtigen Schnitt an. Hacken Sie die Kräuter nicht zu einem undefinierbaren Brei, sondern schneiden Sie sie schonend mit einem scharfen Messer.

▲ LUFTKURORT KÜHLSCHRANK

Um Kräuter einige Tage frisch zu halten, geben Sie sie in einen Plastikbeutel mit etwas Wasser und pusten den Beutel auf. Gleich verschließen und ab in den Kühlschrank.

◀▶ BESTE RESTE

Zu viele Kräuter gekauft? Kein Problem: Mischen Sie die geschnittenen Kräuter mit Butter und Gewürzen und frieren Sie sie ein oder aromatisieren Sie Öl damit.

PASTA MIT ROHEN TOMATEN

600 g vollreife Tomaten, 1 Bund Basilikum, 250 g Büffelmozzarella, bestes Olivenöl, schwarzer Pfeffer, Salz, 400 g Pasta nach Wahl, Meersalz

1 Tomaten waschen. Eine Kastenreibe in eine Schüssel stellen und die Tomaten auf der groben Seite reiben. Basilikum zupfen und die Blätter grob zerreißen. Mozzarella abtropfen lassen und in Fetzen reißen. Beides zu den Tomaten geben und mit 2 EL Olivenöl und reichlich Pfeffer mischen.
2 Die Schüssel auf einen mit Salzwasser gefüllten Topf stellen, bis das Wasser kocht. Schüssel vom Topf nehmen und die angefallene Flüssigkeit abgießen. Die Nudeln im Wasser nach Packungsanweisung bissfest garen. Abgießen und abtropfen lassen.
3 Die heißen Nudeln in die Schüssel zu den Tomaten geben, vermischen und mit Meersalz würzen. Mit reichlich bestem Olivenöl beträufelt servieren.

SALSICCIA-PAPPARDELLE

1/2 TL Fenchelsaat, 350 g Schweinemett, 2 gehackte Knoblauchzehen, Salz, Pfeffer, 1 getrocknete rote Chilischote, 300 g Kräuterseitlinge, 1 Zwiebel, 400 g Pappardelle, 2 EL Olivenöl, 150 ml Brühe, 30 g Butter, 1 EL geschnittene Petersilie

1 Fenchelsaat in einer Pfanne kurz anrösten. In einer Schüssel mit Schweinemett, Knoblauch, Salz, Pfeffer, Oregano und der Chilischote mischen. Die Pilze putzen und längs halbieren. Zwiebel in feine Streifen schneiden.
2 Pappardelle nach Packungsanweisung in kochendem Salzwasser garen.
3 Olivenöl in einer Pfanne stark erhitzen und die Pilze darin bei hoher Hitze rundherum anbraten. Mit Salz und Pfeffer würzen und herausnehmen.
4 Mett in die Pfanne geben und unter Rühren anbraten. Zwiebel dazugeben und eine Minute anbraten. Pilze, Brühe und Butter in die Pfanne geben und alles aufkochen. Die Petersilie dazugeben. Nudeln abgießen, untermischen und servieren.

PENNE MIT GORGONZOLASAUCE

150 g Mascarpone, 100 g Gorgonzola, schwarzer Pfeffer, 2 Birnen, 2 kleine Köpfe Radicchio, 400 g Penne, Salz, 3 EL Olivenöl, Zucker, 40 g geriebener Pecorino oder Parmesan

1 Mascarpone mit 3 EL Wasser in eine Pfanne geben. Gorgonzola hineinbröseln und auf dem Herd bei niedriger Temperatur erhitzen. Mit grobem Pfeffer würzen.

2 Die Birnen vierteln, entkernen und in Würfel schneiden. Radicchio putzen, waschen und trockenschleudern. In Streifen schneiden. Die Nudeln in kochendem Salzwasser nach Packungsanweisung garen.

3 4 Minuten bevor die Nudeln gar sind, Olivenöl in einer Pfanne erhitzen und die Birnen darin bei hoher Hitze eine Minute braten. Radicchio dazugeben und 30 Sekunden braten. Mit Salz, Pfeffer und Zucker würzen.

4 Die Nudeln abgießen und gut abtropfen lassen. In der Gorgonzolasauce schwenken und auf eine Platte geben. Das Birnen-Radicchio-Gemüse darüber geben und mit etwas geriebenem Pecorino servieren.

FRANKFURTER CARBONARA

1 Bund Frankfurter Kräuter, 2 Eier, 200 g Schlagsahne, Salz, 400 g Spaghetti, 125 g Schwarzwälder Schinken, 25 g Butter, 40 g frisch geriebener Parmesan, Pfeffer

1 Die Frankfurter Kräuter waschen, trockenschleudern und fein schneiden. Zusammen mit den Eiern und der Sahne kurz pürieren.

2 Die Nudeln in kochendem Salzwasser nach Packungsanweisung kochen.

3 Den Schwarzwälder Schinken in feine Streifen schneiden. Mit der Butter in eine Pfanne geben und leicht erhitzen. Spaghetti abgießen und abtropfen lassen, dabei etwas Wasser auffangen.

4 Nudeln mit 3–4 EL Nudelwasser und der Kräuter-Ei-Sahne in die Pfanne geben und bei mittlerer Hitze kurz erwärmen. Parmesan dazugeben und mit Salz und reichlich Pfeffer würzen.

 Frankfurter Kräuter: Borretsch, Estragon, Kerbel, Kresse, Liebstöckel, Petersilie, Pimpinelle, Sauerampfer und Schnittlauch

Steps ◄

MARINIEREN ◄

ABTROPFEN LASSEN ◄
ALLES ANBRATEN ◄
FLÜSSIGKEIT ANGIESSEN ◄
CA. 30 MIN. IN DEN OFEN GEBEN ◄

AUS DEM OFEN HOLEN & WÜRZEN ◄

Fertig!

TIMS COQ AU VIN

4–6 Portionen

ZUTATEN

1 Bund Suppengemüse
10 Schalotten
5 Knoblauchzehen
250 g walnussgroße Champignons
1 EL Zucker
Salz, Pfeffer
4 Lorbeerblätter
2 Rosmarinzweige
6 Hähnchenkeulen à 225 g
750 ml trockener Rotwein
3 EL Olivenöl
4–5 EL Mehl
1 EL Tomatenmark
400 ml Hühnerbrühe (instant)
Cayennepfeffer
abgeriebene Schale einer Bio-Zitrone

1 Suppengemüse putzen und in walnussgroße Stücke schneiden. Schalotten und Knoblauch schälen. Champignons putzen. Alles in einer Schüssel mit den Gewürzen, Lorbeerblättern und Rosmarin mischen (unten links).

2 Hähnchenkeulen kalt abspülen und trockentupfen. Die Haut leicht einschneiden (unten Mitte). Keulen zum Gemüse geben und gut vermengen. Den Wein dazugießen (unten rechts). Mit Klarsichtfolie abgedeckt über Nacht im Kühlschrank marinieren.

3 Fleisch und Gemüse in einem Sieb abtropfen lassen, die Marinade auffangen.

4 Olivenöl in einem großen ofenfesten Topf oder einer ofenfesten Pfanne erhitzen. Die Keulen in Mehl wenden, rundherum kräftig anbraten und herausnehmen. Gemüse ebenfalls anbraten. Tomatenmark zufügen und kurz mitbraten. Keulen zurück in den Topf geben.

5 Mit der Marinade und der Brühe auffüllen. Wenn die Flüssigkeit kocht, den Topf für ca. 30 Minuten in den auf 220 °C (Umluft 200 °C) vorgeheizten Ofen geben.

6 Den Topf aus dem Ofen holen und alles mit etwas Cayennepfeffer und abgeriebener Zitronenschale bestreuen.

KARAMELLISIERTES OBST VOM BLECH

6 Portionen

ZUTATEN

1 Zweig Rosmarin
3 EL flüssiger Honig
200 g Sahnejoghurt
3 EL Zitronensaft
1 kg gemischtes Obst
Zucker nach Geschmack,
     mindestens aber etwa 125 g

1 Rosmarinnadeln vom Zweig zupfen, sehr fein schneiden und mit Honig und Joghurt verrühren. Mit 1 EL Zitronensaft abschmecken und mindestens 1 Stunde bei Zimmertemperatur ziehen lassen, damit sich alle Aromen verbinden können.

2 Das Obst waschen. Je nach gewähltem Obst dieses schälen oder nicht und in große Stücke schneiden. Mit etwas Zucker und dem restlichen Zitronensaft mischen. Mit den jeweils flachen Seiten nach oben auf ein tiefes Backblech oder in eine große ofenfeste Form geben und mit einer guten Hand voll Zucker bestreuen.

3 Unter dem vorgeheizten Grill in der Ofenmitte bei etwa 250 °C 12 Minuten gratinieren, bis die Oberfläche zu karamellisieren beginnt. Herausnehmen und kurz abkühlen lassen. Mit dem Joghurt servieren.

FREIE WAHL UND GUTER RAT

Dies ist ein Rezept, bei dem der eigene Geschmack entscheidet: Wer es etwas süßer mag, gibt mehr Zucker dazu. Welches Obst Sie nehmen, ist eigentlich egal, außer Quitten geht so ziemlich alles. Verwenden Sie jedoch Sorten, die etwa gleich fest sind. Schauen Sie während des Grillens öfter mal in den Ofen, schließlich ist jeder Ofen anders.

71

SO FANGE
ICH IMMER DEN FRISCHESTEN
FISCH

Gibt es etwas Spannenderes als Angeln? Ganz bestimmt! Ich könnte hier so einiges auflisten, um ehrlich zu sein. Und da meine Geduld spätestens mit dem zweiten verschwundenen Köder am Ende ist, stehe ich irgendwann im Laden meines Freundes Bibo Lerch, um das Abendessen zu besorgen. Bibo weiß wirklich alles über Fisch und gibt sein Wissen gerne an seine Kunden weiter. Seine einfachste, aber meines Erachtens wichtigste Weisheit: Frischer Fisch stinkt nicht. Nur wie man tatsächlich einen Fisch fängt, das konnte auch er mir bis heute nicht verraten.

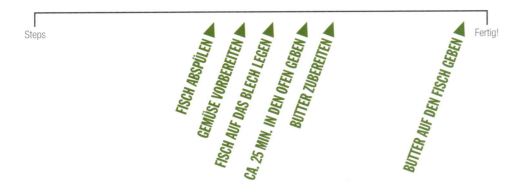

Steps   Fertig!

FISCH ABSPÜLEN ◀
GEMÜSE VORBEREITEN ◀
FISCH AUF DAS BLECH LEGEN ◀
CA. 25 MIN. IN DEN OFEN GEBEN ◀
BUTTER ZUBEREITEN ◀
BUTTER AUF DEN FISCH GEBEN ◀

HEILBUTT MIT ORANGEN-FENCHEL-BUTTER

4–6 Portionen

ZUTATEN

1 Heilbutt, küchenfertig, ca. 2,5 kg
2 Stangen Lauch
Salz
Pfeffer
1 großes Bund glatte Petersilie
400 ml trockener Weißwein
2 Knoblauchzehen
1 TL Fenchelsaat
200 g weiche Butter
1–2 TL fein abgeriebene Schale
    einer unbehandelten Orange

NÜTZLICHES GERÄT

Küchenhandtuch

1   Den Heilbutt kalt abspülen und auf einem Tuch abtropfen lassen. Die Lauchstangen putzen und in Scheiben schneiden, in einer Schüssel waschen, abtropfen lassen und in einen Bräter legen. Petersilie zupfen, die Blätter beiseite legen und die Stiele auf dem Blech verteilen. Gemüse salzen und pfeffern.

2   Den Fisch beidseitig salzen und mit der dunklen Seite nach oben auf den Lauch legen. Den Weißwein in den Bräter gießen und alles im vorgeheizten Ofen bei 190 °C (Umluft nicht empfehlenswert) ca. 25 Minuten garen.

3   In der Zwischenzeit die Petersilienblätter fein schneiden. Knoblauch pellen und fein hacken. Fenchelsaat in einer Pfanne kurz rösten und im Mörser zerstoßen.

4   Die Butter schaumig schlagen und Petersilie, Knoblauch, Fenchel und Orangenabrieb unter die Butter mischen. Mit Salz und Pfeffer würzen.

5   Am Ende der Garzeit den Fisch aus dem Ofen nehmen und die schwarze Haut abziehen. Die Butter auf der Oberseite des Fisches verteilen und den Fisch weitere 3 Minuten in den Ofen geben.

HAUT AB!
Ist der Fisch gar, lässt sich die Haut mühelos abziehen. Geht das nicht, lassen Sie den Fisch einfach noch einige Minuten im Ofen und probieren Sie es dann erneut.

THUNFISCH MIT ERBSEN-MINZ-SALSA

4 Portionen

IM FRÜHLING VERWENDE ICH GERNE FRISCHE ERBSEN. NACHDEM ICH SIE AUS DER SCHOTE GELÖST HABE, KOCHE ICH SIE 6 MINUTEN IN SALZWASSER. DANN VERWENDE ICH SIE, WIE IM REZEPT BESCHRIEBEN, WEITER.

ZUTATEN
300 g Tomaten
2 Zwiebeln
1 Knoblauchzehe
3 EL bestes Olivenöl
200 g tiefgekühlte Erbsen
Salz
Pfeffer
Zucker
4 Stiele Minze
1 Bio-Limette
4 dünne Thunfischsteaks à 160 g

1 Tomaten vierteln, entkernen und würfeln. Zwiebeln und Knoblauchzehe schälen und fein hacken.

2 2 EL Olivenöl in einer Pfanne erhitzen und Zwiebeln und Knoblauch darin eine Minute glasig anschwitzen. Die Erbsen dazugeben und eine Minute dünsten. Mit etwas Salz, Pfeffer und Zucker würzen.

3 Die Erbsen mit den Tomatenwürfeln vermischen. Minzeblätter fein schneiden. Limette fein abreiben und auspressen. Schale und 3 EL Saft mit der Minze unter die Erbsen mischen. 10 Minuten ziehen lassen und eventuell nachwürzen.

4 Restliches Olivenöl in einer Grillpfanne erhitzen. Die Thunfischsteaks leicht salzen und bei sehr hoher Hitze von einer Seite 2 Minuten braten. Mit der Salsa servieren.

GEBRATENES WOLFSBARSCHFILET

3 vollreife Feigen, 4 Wolfsbarschfilets à 150 g, Salz, Pfeffer, 2 EL Olivenöl, 125 g frischer Ziegenkäse, grober schwarzer Pfeffer, 4 EL alter Balsamico-Essig, 4 EL bestes, fruchtiges Olivenöl

1 Feigen kurz kalt abspülen und in jeweils 4 Scheiben schneiden.
2 Wolfsbarschfilets salzen und pfeffern. Olivenöl in einer Pfanne erhitzen und die Fischfilets darin bei hoher Hitze von jeder Seite knapp 1 Minute braten. Aus der Pfanne nehmen und auf ein Backblech geben.
3 Die Feigen auf die Filets legen und den Käse darauf bröseln. Unter dem vorgeheizten Grill in der Ofenmitte 4 Minuten gratinieren. Mit grob zerstoßenem Pfeffer bestreuen und mit etwas Olivenöl beträufeln.
4 Auf vier Teller verteilen und mit dem alten Balsamico und dem restlichen Olivenöl beträufelt servieren.

CORN CRUSTED CATFISH

750 g Catfish-Filets (ersatzweise Welsfilet), 125 ml Buttermilch, 1–2 EL scharfer Senf, etwas Tabasco, 3 Römersalatherzen, 100 g Crème fraîche, 1–2 EL Zitronensaft, Zucker, Salz, Pfeffer, 125 g Maisgrieß (Polenta), 4–5 EL Öl, 25 g Butter

1 Den Fisch kalt abspülen und trockentupfen. Die Fischfilets halbieren.
2 Buttermilch, Senf und Tabasco mischen. Fischstücke darin eine Stunde marinieren.
3 Inzwischen die Römersalatherzen waschen und trockenschleudern. In sehr feine Streifen schneiden und in einer Schüssel mit Crème fraîche, Zitronensaft, etwas Zucker, Salz und Pfeffer 2–3 Minuten mit den Händen kneten.
4 Fisch in ein Sieb geben, gut abtropfen lassen und anschließend in Maisgrieß wälzen.
5 Die Fischstücke in einer Pfanne im erhitzten Öl von jeder Seite etwa 4 Minuten braten. Die Butter dazugeben.
6 Catfish mit dem Salat auf Teller geben.

BASILIKUM-SCHOLLENRÖLLCHEN

20 g Pinienkerne, 1 Bund Basilikum, 1 Knoblauchzehe, Salz, 30 g frisch geriebener Parmesan oder Pecorino, abgeriebene Schale einer unbehandelten Zitrone, 1 EL Zitronensaft, 5–6 EL bestes Olivenöl, 10 Schollenfilets ohne Haut à ca. 60 g, 3 Salatblätter

1 Pinienkerne in einer Pfanne rösten. Basilikumblätter fein schneiden. Knoblauch pellen und hacken.
2 Pinienkerne, Basilikum und Knoblauch mit etwas Salz im Mixer zerkleinern. In einer Schüssel mit Käse, Zitronenschale, -saft und dem Olivenöl verrühren. Das Pesto sollte relativ dick sein, damit es sich gut in die Schollen füllen lässt.
3 Schollenfilets mit der helleren Seite nach unten auf ein Brett legen und leicht salzen. Pesto auf die Filets geben. Die Filets aufrollen und mit Zahnstochern feststecken.
4 Salatblätter in einen Dämpfer legen. Röllchen darauf legen und zugedeckt über kochendem Wasser 7–8 Minuten dämpfen.

SARDISCHE SARDINEN

3 Zwiebeln, 50 g Sultaninen, 5 EL Apfelessig, 12 frische Sardinen à 70 g (küchenfertig geschuppt), Salz, Pfeffer, Mehl, 4 EL Olivenöl, 100 ml Apfelsaft, 6 Pfefferkörner, 2 Nelken, 2 Lorbeerblätter, 1 grüner Apfel, 30 g geröstete Pinienkerne

1 Zwiebeln pellen und in feine Streifen schneiden. Sultaninen in den Essig legen.
2 Sardinen innen und außen salzen und pfeffern. In Mehl wenden. Olivenöl in einer Pfanne erhitzen. Die Sardinen darin von beiden Seiten etwa 3–4 Minuten braten, herausnehmen und in eine Schale legen.
3 Das Öl abgießen. Die Pfanne mit dem Sultaninen-Essig und Apfelsaft ablöschen. Zwiebeln, Gewürze und Lorbeerblätter dazugeben. Bei mittlerer Hitze 4 Minuten kochen lassen.
4 Marinade heiß über die Sardinen geben. Abkühlen lassen und abgedeckt im Kühlschrank 4 Stunden marinieren. Sardinen mit dem in Scheiben geschnittenen Apfel und den gerösteten Pinienkernen servieren.

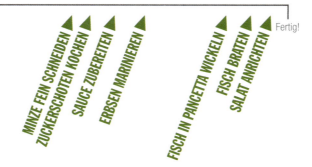

ZANDERFILET IM PANCETTAMANTEL

4 Portionen

ZUTATEN

1 Bund frische Minze
200 g Zuckerschoten
200 g tiefgekühlte Erbsen
Salz
1 Bio-Zitrone
50 ml und 2 EL Olivenöl
100 g Schlagsahne
Pfeffer
Zucker
4 Zanderfilets ohne Haut
   à ca. 175 g
20 dünne Scheiben Pancetta
   (ungeräucherter italienischer
   Bauchspeck)
2 Kopfsalatherzen

1 Die Minze von den Stielen zupfen und fein schneiden.

2 Zuckerschoten quer halbieren. Zuckerschoten und Erbsen in kochendem Salzwasser kurz blanchieren (max. 1 Minute) und in Eiswasser abschrecken. Beides gut abgetropft in eine Schüssel geben und mit der Minze bestreuen.

3 Die Zitrone abreiben und auspressen. 50 ml Olivenöl erhitzen, Zitronenschale und ca. 2–3 EL Saft dazugeben. Vom Herd nehmen. Die Sahne halbsteif schlagen, vorsichtig einrühren und mit Salz, Pfeffer und einer Prise Zucker abschmecken. Zwei Drittel der Sauce in das Gemüse geben und gründlich damit vermischen. 20 Minuten ziehen lassen.

4 Die Zanderfilets leicht pfeffern und in jeweils 5 Pancettascheiben einwickeln. Im restlichen Öl von jeder Seite etwa 4 Minuten bei nicht zu hoher Hitze knusprig braten.

5 Die Kopfsalatherzen waschen, trockenschleudern und in mundgerechte Stücke schneiden. Auf einer Platte anrichten, den Zuckerschoten-Erbsen-Salat darüber geben und mit der restlichen Zitronen-Sahnesauce beträufeln.

6 Die gebratenen Zanderfilets mit dem Salat anrichten.

WORKSHOP FISCH

▼ HAU(P)TSACHE KNUSPRIG!

Auf der Haut gebratener Fisch ist in letzter Zeit sehr in Mode gekommen. Zu Recht. Ich finde, es gibt nichts Besseres als knusprigen Zander. Und so geht's: Geschuppte Haut mit einer Klinge einritzen.

▶ MEHL MUSS SEIN

Den Fisch auf der Hautseite in etwas Mehl drücken. Das überschüssige Mehl abklopfen. Den Fisch mit der Haut nach unten in einer heißen Pfanne in Butterschmalz und Öl bei mittlerer Hitze langsam braten.

▲ WENDEMANÖVER

Nach etwa 7–8 Minuten in der Pfanne den Fisch auf der Fleischseite mit Salz und Pfeffer würzen. Den Fisch vorsichtig wenden. Wenn die Haut noch nicht so knusprig ist, wie Sie es sich vorstellen, den Fisch ruhig noch eine Minute braten. Nach dem Wenden auf der Fleischseite eine weitere Minute braten.

▼ SCHAU UNS IN DIE AUGEN, KLEINER

Diese Fische sind topfrisch, das erkennt selbst jemand ohne Nase (sorry, Bibo). Die klaren, vollen Augen verraten schon beim bloßen Hinschauen ihren erstklassigen Zustand.

▲ GROSSE FISCHE, KLEINE MÜHE

Die einfachste Art, viele satt zu kriegen: Geben Sie doch einen ganzen Fisch in den Ofen. Sind die Vorarbeiten erledigt, gart er von ganz alleine. Fisch mit Gewürzen, aromatischen Gemüsen und etwas Wein und Öl bei ca. 180 °C in den Ofen geben. Er ist gar, wenn man die Rückenflosse mühelos herausziehen kann.

▶ MAL RICHTIG DAMPF ABLASSEN

Diese schonende Garmethode ist zu Unrecht als Krankenkost verschrien. Dampf lässt milde Fische sanft garen, ohne ihren Eigengeschmack zu sehr zu beeinflussen. Und die Fische dämpfen, ohne viel bewegt werden zu müssen – für zarte Filets genau das Richtige.

Steps

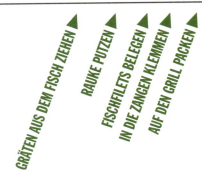

GRÄTEN AUS DEM FISCH ZIEHEN ◀
RAUKE PUTZEN ◀
FISCHFILETS BELEGEN ◀
IN DIE ZANGEN KLEMMEN ◀
AUF DEN GRILL PACKEN ◀

Fertig!

DOPPELTES GRILLFILET

4 Portionen

ZUTATEN

2 Lachsforellenfilets mit
   Haut à 400 g
Salz
Pfeffer
2–3 EL körniger Senf
50 g Rauke
100 g getrocknete Tomaten in Öl
1 unbehandelte Zitrone
1 unbehandelte Limette

NÜTZLICHES GERÄT

Pinzette oder spitze Zange
Fischgrillzangen
Holzkohlegrill

1 Eventuell vorhandene Gräten mit einer Pinzette aus den Filets ziehen. Die Fleischseiten salzen, pfeffern und mit dem Senf einstreichen.

2 Rauke putzen, waschen und trockenschleudern, anschließend fein schneiden. Tomaten etwas abtropfen lassen und hacken.

3 Rauke auf die Fleischseite der Fischfilets geben. Tomaten darauf verteilen. Filets so aufeinander legen, dass die Haut nach außen zeigt. Zitrone und Limette in dünne Scheiben schneiden. Einige Scheiben in eine Fischgrillzange geben und ein doppeltes Filet hineinlegen. Mit den restlichen Zitrusscheiben belegen und die Zange verschließen.

4 Auf dem mittelheißen Grill von jeder Seite 6–7 Minuten grillen. Der Fisch ist fertig, wenn sich die Haut leicht abziehen lässt.

KLAPPT AUCH IM OFEN

Obwohl dieses Gericht eigentlich für den Grill gedacht ist, funktioniert es auch ohne Problem im Ofen. Den Fisch zusammengelegt auf ein Backblech geben und mit Zitrusscheiben belegen. 250 ml Weißwein angießen und bei 200 °C garen, bis sich die Haut abziehen lässt.

Steps

GEMÜSE & SPECK WÜRFELN ◀

SAUCE KOCHEN ◀

NUDELN KOCHEN ◀

FISCH WÜRFELN ◀

FISCH IN DIE SAUCE GEBEN ◀

NUDELN & SAUCE MISCHEN ◀

Fertig!

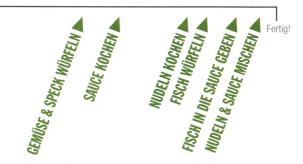

ROTBARBEN-BOLOGNESE

4–6 Portionen

ZUTATEN

2 Knoblauchzehen

150 g Möhren

150 g Knollensellerie

150 g Zwiebeln

3 EL Olivenöl

125 g mild geräucherter, durchwachsener Speck

200 ml kräftiger Rotwein

1 Dose Tomaten (800 g EW)

2 EL Tomatenmark

3 Lorbeerblätter

2 Rosmarinzweige

500 g Linguine

Salz

500 g Rotbarbenfilets mit Haut

Pfeffer

Zucker

1/2 Bund Basilikum

1 rote Pfefferschote

1 Knoblauch pellen und hacken. Möhren, Sellerie und Zwiebeln in gleich große feine Würfel schneiden und in dem heißen Olivenöl unter Rühren 5 Minuten bei mittlerer Hitze anbraten. Speck würfeln, dazugeben und eine weitere Minute braten. Rotwein dazugeben und vollständig einkochen lassen.

2 Tomaten, Tomatenmark, Lorbeerblätter und Rosmarinzweige dazugeben und unter Rühren bei mittlerer Hitze 10 Minuten kochen.

3 Linguine in kochendem Salzwasser nach Packungsanweisung garen.

4 Inzwischen die Rotbarbenfilets in Würfel schneiden. Leicht salzen, in die Sauce geben und 3 Minuten kochen.

5 Die Sauce mit Salz, Pfeffer und einer kräftigen Prise Zucker abschmecken.

6 Basilikum fein schneiden. Pfefferschote in feine Ringe schneiden. Nudeln abgießen, unter die Sauce mischen und das Basilikum dazugeben. Pfefferschoten über die Nudeln streuen und servieren.

Steps

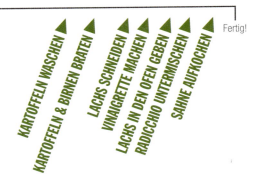

KARTOFFELN WASCHEN
KARTOFFELN & BIRNEN BRATEN
LACHS SCHNEIDEN
VINAIGRETTE MACHEN
LACHS IN DEN OFEN GEBEN
RADICCHIO UNTERMISCHEN
SAHNE AUFKOCHEN
Fertig!

LAUWARMES LACHS-CARPACCIO

4 Portionen

ZUTATEN

2 große Kartoffeln
10 EL Olivenöl
2 Birnen
300 g frisches Lachsfilet ohne Haut
300 g Räucherlachs in Scheiben
2 EL Limettensaft
2–3 EL Honig
3 TL grober Senf
1 kleiner Radicchio
100 g Schlagsahne
Salz
Pfeffer
1 Bund Schnittlauch

1 Die Kartoffeln waschen, schälen und in Würfel schneiden. Ca. 4 EL Olivenöl in einer Pfanne erhitzen und die Kartoffelwürfel unter Schwenken darin 6–8 Minuten goldbraun braten. Birnen vierteln, entkernen und würfeln. Zu den Kartoffeln geben und 2 Minuten braten.

2 Inzwischen den frischen Lachs in dünne Scheiben schneiden und mit den Räucherlachsscheiben abwechselnd auf eine Platte schichten. Limettensaft, 6 EL Olivenöl, Honig und Senf verrühren und über den Lachs geben. 5 Minuten im ca. 150 °C heißen Ofen erwärmen.

3 Radicchio putzen und in feine Streifen schneiden. Kurz vor dem Servieren unter die Kartoffeln mischen.

4 Sahne kurz aufkochen, salzen und pfeffern. Schnittlauch fein schneiden und in die Sahne geben. Kartoffel-Birnen-Mischung über den Lachs geben und die Schnittlauchsahne über den Lachs verteilen.

BIBO HAT RECHT

Ich erwähnte ja bereits, dass frischer Fisch nicht stinkt. Bei diesem Gericht ist es besonders wichtig, absolut frischen Lachs zu kaufen, da er kaum gegart wird. Wer Probleme mit rohem Fisch hat, kann natürlich nur Räucherlachs verwenden – dann aber mit dem Salz zurückhalten.

Steps   Fertig!

KARTOFFELN SCHÄLEN
CA. 12 MIN. IN DEN OFEN
TOMATEN SCHNEIDEN
CHORIZO WÜRFELN
BRÖSEL MISCHEN
FISCH IN DEN BRÄTER LEGEN
WEITERE 12 MIN. BACKEN

ROTBARSCH MIT CHORIZO-BRÖSELN

4 Portionen

ZUTATEN

1 kg große fest kochende Kartoffeln
4 EL Olivenöl
Salz
Pfeffer
3 Tomaten à 200 g
75 g grobe Semmelbrösel
150 g Chorizo
1 Bund Basilikum
2 Zweige Rosmarin
1/2 TL Fenchelsaat
800 g Rotbarschfilet

NÜTZLICHES GERÄT

große beschichtete Pfanne

1 Die Kartoffeln schälen und waschen. Längs in 2 cm dicke Scheiben schneiden und in einer Schüssel in 2 EL Olivenöl, Salz und Pfeffer wenden. Eine große Pfanne erhitzen und die Kartoffelscheiben darin von jeder Seite eine Minute braten. In einen Bräter oder auf ein Blech geben und im vorgeheizten Ofen 12 Minuten bei 200 °C (Umluft 185 °C) backen.

2 Inzwischen die Tomaten in Scheiben schneiden. Die Semmelbrösel mit dem restlichen Olivenöl mischen. Chorizo fein würfeln und die Kräuter fein schneiden. Beides mit dem Fenchel unter die Brösel mischen. Den Fisch salzen und pfeffern.

3 Den Bräter aus dem Ofen nehmen und die Tomaten auf den Kartoffeln verteilen, salzen und pfeffern. Die Fischfilets darauf legen. Alles mit den Bröseln bestreuen und weitere 12 Minuten goldbraun backen.

CHORIZO IST NICHT GLEICH CHORIZO

Chorizo ist eine pikante Paprikawurst, die aus Spanien stammt. Es gibt sie in zwei Varianten: eine dünne, etwas weichere und eine größere, salamiartige. Dieses Rezept verlangt nach der dünnen.

URLAUB
FRISCH AUF DEN TELLER

Ich bin jede Woche mindestens einmal im Ausland. Neulich war ich sogar innnerhalb von nur vier Tagen in Spanien, Mexiko und Indien. Das hat weniger mit meinem hektischen Leben als global wirbelnder Koch und Jetsetter zu tun, als Sie vielleicht denken mögen. Ich musste dafür nicht mal ins Auto steigen. Ich war einfach nur essen. Wenn es richtig gut ist, kann ein Abend im Restaurant bei mir so viele Eindrücke hinterlassen wie eine Woche auf einer exotischen Insel (wogegen ich natürlich auch nichts einzuwenden hätte). Falls bei Ihnen in der Küche wieder deutsches Schmuddelwetter auf dem Speiseplan steht, machen Sie doch einfach mal Kurzurlaub. Mit den Rezepten, die ich für Sie parat habe, sollte das nun wirklich nicht allzu schwierig sein.

Steps   Fertig!

MUSCHELN WASCHEN · ZUCCHINI BRATEN · MUSCHELN KOCHEN · MUSCHELN HERAUSNEHMEN · TOMATEN IN DEN TOPF GEBEN · MIT BRÜHE AUFFÜLLEN · MUSCHELN IN DEN TOPF GEBEN

BOHNEN-MUSCHEL-EINTOPF

4–6 Portionen

ZUTATEN

2 kg Miesmuscheln
3 Zwiebeln
3 Knoblauchzehen
500 g Zucchini
3 EL Olivenöl
2 Zweige Thymian
1/2 Bund Basilikum
200 ml trockener Weißwein
1 Dose weiße Bohnen (800 g EW)
1 Dose Tomaten (425 g EW)
1 l Fischfond oder Geflügelbrühe
3 Bio-Orangen
Meersalz
Pfeffer
bestes Olivenöl zum Beträufeln

1 Die Muscheln in kaltem Wasser waschen und die Bärte entfernen. Gut abtropfen lassen. Zwiebeln und Knoblauch hacken. Zucchini waschen, längs halbieren und in Scheiben schneiden.

2 Olivenöl in einem großen Topf erhitzen. Zucchini darin bei hoher Hitze kurz anbraten, herausnehmen und beiseite stellen.

3 Zwiebeln und Knoblauch bei mittlerer Hitze glasig anschwitzen. Muscheln in den Topf geben und kurz anschwitzen. Thymian und 2 Stiele Basilikum dazugeben und den Wein angießen.

4 Zugedeckt aufkochen und bei mittlerer Hitze köcheln lassen, bis sich alle Muscheln geöffnet haben. Die Muscheln mit einer Schaumkelle herausheben und beiseite stellen.

5 Bohnen in einem Sieb kalt abspülen und abtropfen lassen. Die Dosentomaten etwas zerkleinern und mit den Bohnen in den Topf geben. Die Brühe dazugeben, alles aufkochen und bei mittlerer Hitze 10 Minuten kochen.

6 Eine Orange heiß abspülen und die Schale fein abreiben. Alle Orangen so schälen, dass sämtliche weiße Haut entfernt wird. Fruchtfleisch in Stücke schneiden. Restliches Basilikum zupfen und die Blätter fein schneiden.

7 5 Minuten vor Ende der Garzeit Orangen, Muscheln und Zucchini in den Topf geben, aufkochen und mit Salz und Pfeffer würzen. Mit dem Basilikum bestreuen und mit bestem Olivenöl beträufeln.

Steps

GEMÜSE SCHNEIDEN ◀
VINAIGRETTE ZUBEREITEN ◀
GEMÜSE MARINIEREN ◀
FISCH DÜNSTEN ◀
FISCH UNTER DEN SALAT MISCHEN ◀
Fertig!

GAZPACHO-FISCHSALAT

4 Portionen

ZUTATEN
1 Salatgurke
1 rote Paprikaschote
1 gelbe Paprikaschote
12 Kirschtomaten
2 Frühlingszwiebeln
1 Knoblauchzehe
1/2 Bund glatte Petersilie
7–8 EL bestes Olivenöl
2–3 EL milder Essig
2 Msp. Kreuzkümmelpulver
Salz
schwarzer Pfeffer
200 ml trockener Weißwein
350 g Kabeljau oder Schellfischfilet

1 Salatgurke schälen, halbieren und entkernen. Paprikaschoten vierteln und entkernen. Alles in feine Würfel schneiden. Kirschtomaten halbieren, Frühlingszwiebeln putzen und das Weiße und Hellgrüne in dünne Scheiben schneiden. Alles in einer Schüssel mischen.

2 Knoblauchzehe pellen und fein hacken. Petersilie fein schneiden und mit Öl, Essig, Kreuzkümmelpulver und Salz und Pfeffer verquirlen. Über das Gemüse geben und 15 Minuten ziehen lassen.

3 Weißwein aufkochen. Den Fisch salzen, hineingeben und 5 Minuten sanft ziehen lassen. Fisch mit einer Schaumkelle aus dem Wein heben. Den Fisch flockig zerteilen und vorsichtig unter den Salat mischen.

KEINE LUST AUF FISCH?
Dieser Salat schmeckt auch mit Garnelen oder gebratener Hähnchenbrust. Mit etwas Römersalat und ein wenig mehr Marinade wird er zum Salathauptgang für zwei.

97

Steps

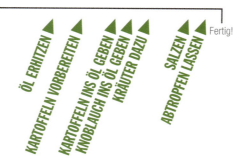

ÖL ERHITZEN
KARTOFFELN VORBEREITEN
KARTOFFELN INS ÖL GEBEN
KNOBLAUCH INS ÖL GEBEN
KRÄUTER DAZU
SALZEN
ABTROPFEN LASSEN
Fertig!

TOSKANISCHE POMMES

4 Portionen

DIESES REZEPT IST EINE URTYPISCHE ART, IN
DER TOSKANA POMMES ZU BRATEN, ETWAS
UNKONVENTIONELL, ABER GROSSARTIG.

ZUTATEN

ca. 1,5–2 l Erdnussöl
1 kg vorwiegend fest kochende
   Kartoffeln
6 Knoblauchzehen
2 Zweige Rosmarin
6 Zweige Thymian
2 EL Meersalz
Pfeffer aus der Mühle

1 In einer großen, tiefen Bratpfanne oder einem Topf das Öl auf 185 °C erhitzen. (Die Pfanne muss einen Rand von mindestens 5 cm Höhe haben.)

2 Die Kartoffeln waschen und schälen. In gleichmäßige, etwa 1 cm dicke Stifte schneiden und in einer Schüssel trockentupfen.

3 Die Kartoffeln auf einmal in das Frittierfett geben. Unter ständigem Rühren mit einem Holzlöffel oder einer Küchengabel ca. 12–14 Minuten garen. Nach 4 Minuten die leicht zerdrückten Knoblauchzehen dazugeben.

4 Nach weiteren 3 Minuten die Kräuter in das Öl geben. Rühren!

5 2 Minuten vor Ende der Garzeit das Meersalz in das Öl geben. Rühren nicht vergessen!

6 Kurz vor Ende der Garzeit mit einigen Umdrehungen Pfeffer würzen.

7 Die Kartoffeln mit einer Schaumkelle mitsamt dem Knoblauch und der Kräuter aus dem Öl heben und in eine mit Küchenpapier ausgelegte Schüssel geben. Kurz schwenken, abtropfen lassen und servieren. Wer mag, gibt noch etwas Salz dazu.

WORKSHOP BRATPFANNEN

▼ NUR NICHT KNAUSERIG SEIN

Unerlässlich in der Küche sind gute Bratpfannen. Da lohnt es sich, auch mal tiefer in die Tasche zu greifen. Denn billige Pfannen wölben sich schnell bei hoher Belastung, und das Braten wird zur Qual.

▶ AUS EINEM GUSS

Nicht nur bei Nostalgikern beliebt, eignet sich die guss-eiserne Pfanne besonders zum Braten von Fleisch, da die Hitze gut gespeichert wird. Vor der ersten Benutzung jedoch nach Anleitung mit Salz einbrennen.

▲ RUHIG MAL PROTZEN

Grillpfannen sind wie Zweit-wagen: schön, sie zu haben, müssen aber nicht sein. In der Grillpfanne brät man wegen der Optik, geschmacklich tut sich im Unterschied zur regulä-ren Pfanne nicht viel. Wer ober-flächliche Gäste eingeladen hat, kann mit Grillstreifen jedoch ge-hörig Eindruck schinden.

▼ SCHICHTARBEIT

Pfannen mit Antihaftbeschichtung sorgen für reibungslosen Kochspaß. Bitte nur bedenken, dass die Pfanne ungefüllt nicht zu stark erhitzt werden darf, da die Wirkung der Beschichtung sonst auf Dauer stark abnimmt.

▲ EINE MILLIARDE CHINESEN

können sich nicht irren. Der Wok ist die Allround-Pfanne schlechthin und auf Gasherden unschlagbar. Auf Elektroherden werden ganz runde Woks jedoch nicht bis an den Rand richtig heiß. Dort lieber auf eine Pfanne mit flachem Boden zurückgreifen.

▶ NICHTSCHWIMMERBECKEN

Für alle Pfannen (und Töpfe!) gilt: bitte nicht in die Spülmaschine. Kochgeschirr ist zum Kochen und nicht zum Schwimmen gedacht. Also ab ins Spülbecken und per Hand waschen. Die Pfanne wird sich mit einem langen Leben bei Ihnen bedanken.

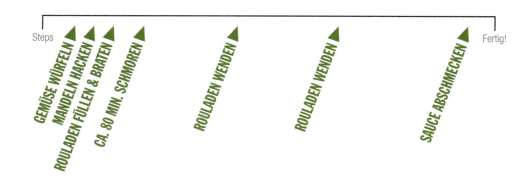

Steps ◀ GEMÜSE WÜRFELN ◀ MANDELN HACKEN ◀ ROULADEN FÜLLEN & BRATEN ◀ CA. 80 MIN. SCHMOREN ◀ ROULADEN WENDEN ◀ ROULADEN WENDEN ◀ SAUCE ABSCHMECKEN ◀ Fertig!

SPANISCHE ROULADEN

6 Portionen

ZUTATEN

2 Zwiebeln

3 Knoblauchzehen

1 rote Paprikaschote, ca. 200 g

50 g grüne Oliven ohne Stein

30 g Mandeln, klein gehackt

6 Rinderrouladenscheiben à 225 g

Salz

schwarzer Pfeffer

Mehl

2 EL Öl

1 Dose Pizzatomaten (425 g EW)

200 ml trockener Sherry (Fino)

WENN VON DEM GEMÜSE NACH DEM FÜLLEN ETWAS ÜBRIG BLEIBT, TUE ICH ES EINFACH NACH DEM BRATEN MIT IN DIE SAUCE.

1 Geschälte Zwiebeln fein würfeln und den Knoblauch fein hacken. Die Paprika vierteln, entkernen und fein würfeln. Die Oliven und Mandeln getrennt hacken und mit den Paprikawürfeln und der Hälfte der Zwiebel- und Knoblauchwürfel mischen.

2 Das Rouladenfleisch auf die Arbeitsfläche geben, pfeffern und die Gemüsemischung darauf verteilen. Die Rouladen an den Seiten etwas einklappen (unten links), aufrollen und mit Zahnstochern feststecken (unten Mitte), danach in Mehl wenden.

3 Das Öl in einer tiefen Pfanne erhitzen, die Rouladen darin rundherum anbraten und herausnehmen.

4 Restliche Zwiebeln und Knoblauch in die Pfanne geben und eine Minute anschwitzen. Rouladen wieder in die Pfanne geben. Tomaten und Sherry dazugeben (unten rechts) und aufkochen lassen. Alles zugedeckt bei mittlerer Hitze 80 Minuten sanft schmoren, die Rouladen ab und zu wenden. Am Ende der Garzeit die Rouladen herausnehmen und die Sauce mit Salz und Pfeffer würzen. Wer es etwas feiner mag, gibt die Sauce durch ein Sieb.

Steps   Fertig!

PILZE & GEMÜSE SCHNEIDEN

GEMÜSE BRATEN

WASSER ANGIESSEN & KOCHEN

CROUTONS RÖSTEN

SUPPE WÜRZEN

ACQUACOTTA

4 Portionen

ZUTATEN

500 g Kräuterseitlinge
2 Zwiebeln
3 Knoblauchzehen
75 g Staudensellerie
3 EL Olivenöl und etwas Öl für
    das Brot
3 Zweige Thymian
2 Zweige Petersilie
350 g vollreife Tomaten
4 Scheiben Weißbrot oder Ciabatta
80 g geriebener Provolone oder
    Pizza-Käse
Salz
Pfeffer

1 Geputzte Pilze je nach Größe in Scheiben schneiden oder vierteln. Geschälte Zwiebeln in feine Würfel, Knoblauchzehen in dünne Scheiben schneiden. Staudensellerie entfädeln und fein würfeln.

2 Olivenöl in einem Topf erhitzen und die Pilze 4–5 Minuten bei hoher Hitze in 2 Portionen kräftig anbraten. Zwiebeln, Knoblauch und Sellerie dazugeben und weitere 3 Minuten braten. Thymian und Petersilie dazugeben und mit einem Liter kochendem Wasser auffüllen. Zum Kochen bringen und bei mittlerer Hitze 15 Minuten sanft kochen.

3 Tomaten entkernen und grob hacken. Nach 10 Minuten dazugeben.

4 Inzwischen das Brot leicht mit Olivenöl bestreichen. Käse darüber streuen und im heißen Ofen bei 200 °C (Umluft 180 °C) goldbraun rösten.

5 Die Suppe mit Salz und Pfeffer würzen und mit den Brotscheiben servieren.

GEKOCHTES WASSER ALS HAUPTGERICHT

Acquacotta (italienisch für gekochtes Wasser) ist eine toskanische Bauernsuppe, die früher nur aus Wasser mit etwas Salz und Olivenöl bestand. Diese »Suppe« wurde über alte Brotscheiben gegeben, damit sie essbar wurden. Wer konnte, rieb noch etwas Käse drüber.

Steps

GEMÜSE VORBEREITEN ▲
HUHN ANBRATEN ▲
FLÜSSIGKEIT DAZUGEBEN ▲
CA. 45 MIN. SCHMOREN ▲

BROT RÖSTEN ▲
OLIVEN IN DEN SUD GEBEN ▲
Fertig!

PORTUGIESISCHER HÜHNERTOPF

6 Portionen

ZUTATEN

300 g Zwiebeln
5 Knoblauchzehen
500 g Flaschentomaten
1 Bund glatte Petersilie
1/2 Bund Thymian
1 große, rote Pfefferschote
6 EL Olivenöl
1 Poularde, ca. 2 kg (vom Händler
   in 10 Stücke teilen lassen)
Salz
500 ml Vinho verde (portugiesischer
   Weißwein)
250 ml Geflügelfond
2 Lorbeerblätter
dünn abgeschälte Schale einer
   Bio-Orange
6 Scheiben Stangenweißbrot
150 g grüne Oliven ohne Stein
schwarzer Pfeffer

NÜTZLICHES GERÄT

großer Schmortopf
Pinsel

1 Geschälte Zwiebeln grob würfeln. 4 Knoblauchzehen in Scheiben schneiden. Tomaten entkernen und grob schneiden. Die Hälfte der Kräuter zu einem Strauß binden, restliche Kräuter zupfen und die Blätter klein schneiden. Pfefferschote längs halbieren und die Kerne entfernen.

2 3 EL Olivenöl in einem Schmortopf erhitzen. Die Geflügelteile salzen und bei mittlerer Hitze von allen Seiten etwa 5−6 Minuten goldbraun braten. Herausnehmen und Zwiebeln und Knoblauch im Öl bei mittlerer Hitze 4−5 Minuten farblos anschwitzen. Den Kräuterstrauß dazugeben, mit Wein und Geflügelfond angießen und zum Kochen bringen.

3 Geflügel, Pfefferschotenhälften, Lorbeerblätter und Orangenschale dazugeben und mit leicht geöffnetem Deckel 45 Minuten bei mittlerer Hitze sanft kochen.

4 Inzwischen die Brotscheiben auf einer Seite mit dem restlichen Öl bestreichen. Im vorgeheizten Ofen bei 200 °C auf der zweiten Schiene von unten etwa 5−6 Minuten goldbraun backen (Umluft 175 °C). Verbliebene Knoblauchzehe pellen und die Brotscheiben damit einreiben.

5 Die Hühnerteile aus dem Topf nehmen. In einer großen ofenfesten Schüssel oder Ähnlichem im Backofen bei ca. 100 °C warm halten. Den Kräuterstrauß aus dem Sud nehmen und den Sud entfetten. Oliven zerdrücken, mit den Tomaten in den Sud geben und 2−3 Minuten erwärmen. Mit Salz und Pfeffer würzen. Die Hühnerteile mit der Sauce übergießen und mit den gehackten Kräutern bestreuen.

6 Zum Servieren je eine Scheibe Knoblauchbrot in einen Teller geben und mit dem Eintopf übergießen.

107

GURKENSALSA

1 Salatgurke (350 g), Salz, 3 Frühlingszwiebeln,
1 grüne Paprikaschote, 30 g frische Meerrettichwurzel,
4–5 EL Rapsöl, 2–3 EL Weißweinessig, Pfeffer, Zucker,
2 Stiele Dill

1 Salatgurke schälen, halbieren und entkernen. Sehr fein würfeln, in einem Sieb mit etwas Salz mischen und 15 Minuten ziehen lassen.

2 Frühlingszwiebeln putzen und in feine Scheiben schneiden. Die Paprika mit einem Sparschäler dünn schälen, vierteln, entkernen und sehr fein würfeln. Meerrettichwurzel schälen und sehr fein reiben.

3 Gemüse mit Rapsöl und Essig in einer Schüssel mischen. Mit Salz, Pfeffer und Zucker würzen. Dill fein schneiden und untermischen.

 Gurkensalsa serviere ich gerne zu gekochtem Fisch, eingelegten Sardinen oder Räucheraal.

SALSA ROSSA

75 g getrocknete Tomaten ohne Öl, 2 EL Tomatenmark,
bestes Olivenöl, Salz, 1 Knoblauchzehe, 3–4 Zweige
Zitronenthymian, 1 unbehandelte Zitrone, Pfeffer, Zucker,
200 g vollreife Tomaten

1 Die getrockneten Tomaten mit kochendem Wasser übergießen und 15 Minuten ziehen lassen. Aus dem Wasser nehmen und grob zerschneiden. Mit dem Tomatenmark, ca. 5 EL Olivenöl und etwas Salz in einem hohen Gefäß fein pürieren. Sollte die Sauce zu fest sein, etwas von dem Einweichwasser dazugeben.

2 Den Knoblauch pellen und fein hacken. Thymian von den Stielen zupfen und hacken. Zitrone heiß abspülen und die Schale fein abreiben. Alles unter die Salsa mischen und mit Salz, Pfeffer und einer Prise Zucker würzen. Kurz vor dem Servieren die frischen Tomaten vierteln und die Kerne entfernen. Tomaten fein würfeln und unter die Sauce mischen.

 Salsa rossa passt am besten zu gebratenem Fleisch oder unter Nudeln gemischt.

SALSA VERDE

1 Bund glatte Petersilie, 1 Bund Basilikum, 1 Bund Minze, 50 g Cornichons, 25 g Kapern, 1 Knoblauch-zehe, 1 TL Dijonsenf, ca. 10 EL Olivenöl (je nach Größe der Kräuterbunde), 2 EL Rotweinessig, Salz, schwarzer Pfeffer, Zucker

1 Petersilie, Basilikum und Minze von den Stielen zupfen und sehr fein schneiden. Cornichons und Kapern fein hacken. Knoblauch pellen und ebenfalls fein hacken. Alles in einer Schüssel vermischen.
2 Senf, Olivenöl und Essig untermischen. 10 Minuten ziehen lassen und mit Salz, Pfeffer und einer kräftigen Prise Zucker würzen.

 Wer mag, mischt noch ein gehacktes, hart gekochtes Ei unter die Sauce.

MANGOSALSA

750 g vollreife Mangos, 200 g rote Paprika, 200 g grüne Paprika, 1 rote Zwiebel, 1 frische Chilischote (rot oder grün), 1 unbehandelte Limette, 1 Bund fri-scher Koriander, 2 EL Öl, Salz, schwarzer Pfeffer

1 Mangos dünn abschälen und das Fruchtfleisch in Scheiben vom Stein schneiden. In sehr feine Würfel schneiden. Paprika mit einem Sparschäler schälen, vierteln und entkernen, ebenfalls in sehr feine Würfel schneiden. Zwiebel pellen und sehr fein würfeln. Chili längs halbieren, entkernen und fein hacken.
2 Limette zur Hälfte fein abreiben und auspressen. Grobe Stiele vom Koriander entfernen und die Blätter mittelfein schneiden.
3 Alle Zutaten mit Öl mischen und mindestens 30 Mi-nuten kalt gestellt ziehen lassen. Mit Salz und Pfeffer würzen.

 Tortilla-Chips schmecken mit dieser Salsa gleich doppelt so gut.

Steps

BACKOFEN VORHEIZEN ▲
ROSMARINÖL MACHEN ▲
FLEISCH BRATEN ▲
FLEISCH SCHNEIDEN ▲
FLEISCH IN DEN OFEN GEBEN ▲
RAUKE WASCHEN ▲

Fertig!

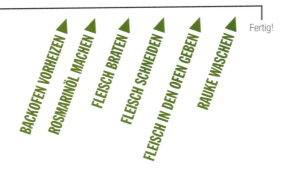

TAGLIATA

ITALIENISCH FÜR ANFÄNGER: TAGLIARE BEDEUTET SCHNEIDEN.
SO SIND BANDNUDELN IN ITALIEN TAGLIATELLE, EIN KLEINGE-
SCHNITTENES STEAK TAGLIATA. WER SICH DAS MERKT, MACHT
IN DER TRATTORIA MÄCHTIG EINDRUCK.

4 Portionen

ZUTATEN

2 Zweige Rosmarin
6 EL Olivenöl
3 EL frisch gepresster Zitronensaft
75 g schwarze Oliven ohne Stein
2 Rumpsteaks à 400 g
20 Kirschtomaten
Meersalz
grob zerstoßener schwarzer Pfeffer
50 g feine Rauke
bestes Olivenöl
alter Balsamico-Essig

1 Den Backofen auf 250 °C vorheizen (Umluft nicht empfehlenswert).
Die Rosmarinnadeln von den Zweigen zupfen und fein schneiden.
Mit 4 EL Olivenöl und 2 EL Zitronensaft mischen. Die Oliven mit einem
Messer zerdrücken und zum Öl geben.

2 Eventuell Fett und Sehnen vom Fleisch entfernen. 2 EL Olivenöl in eine
heiße Pfanne geben und das Fleisch darin von allen Seiten bei sehr hoher
Hitze scharf anbraten. Herausnehmen, in Alufolie wickeln und 5 Minuten
ruhen lassen. Tomaten in der Pfanne ebenfalls kurz anbraten.

3 Das Fleisch in dünne Scheiben schneiden und auf eine ofenfeste Platte
legen. Die Tomaten um das Fleisch verteilen. Mit dem Rosmarin-Olivenöl
beträufeln und mit Meersalz und Pfeffer würzen.

4 Im heißen Ofen auf der untersten Schiene etwa 7–8 Minuten erhitzen.

5 Rauke kurz waschen, trockenschleudern und über das Fleisch streuen.
Mit bestem Olivenöl und etwas Balsamico-Essig beträufeln.

Steps   KEKSE ZERKLEINERN ▲   CREME AUFSCHLAGEN ▲   PIE 25 MIN. BACKEN ▲   EIWEISS SCHLAGEN ▲   BAISERMASSE ABFLÄMMEN ▲   Fertig!

KEY LIME PIE

Für 16 Stück

ZUTATEN

200 g Vollkorn-Butterkekse
150 g Butter
6 frische Eier
1 Dose gesüßte Kondensmilch
   (z. B. Milchmädchen, 400 g EW)
3–6 Bio- oder unbehandelte Limetten,
   je nach Größe und Saftgehalt
Salz
180 g Zucker
1/4 TL Weinstein-Backpulver

NÜTZLICHES GERÄT

Pieform
Bunsenbrenner

1   Kekse in einen Gefrierbeutel geben und fein zerstoßen (unten links). Butter zerlassen, mit den Keksbröseln verkneten. In eine gefettete Pieform (24 cm) drücken, sodass ein kleiner Rand entsteht. 15 Minuten kalt stellen.

2   Eigelb und Kondensmilch mit den Quirlen des Handrührgeräts mindestens 5 Minuten dicklich aufschlagen. Limetten waschen und die Schale abreiben. Limetten auspressen und 1/8 l Saft abmessen. Saft und Schale zur Creme geben und kurz unterrühren.

3   Creme durch ein nicht zu feines Sieb auf dem Boden verteilen (unten Mitte und rechts). Im heißen Ofen bei 180 °C auf der untersten Schiene 25 Minuten backen (Umluft nicht geeignet). Den Kuchen abkühlen lassen.

4   Die Eiweiße mit einer Prise Salz steif schlagen. Zucker nach und nach einrieseln lassen und 3–4 Minuten weiterschlagen, bis ein cremiger fester Eischnee entsteht. Backpulver unterheben.

5   Baisermasse auf den Kuchen geben und mit einem Löffelrücken wolkenförmig verstreichen. Mit dem Bunsenbrenner goldbraun abflämmen. Wer keinen hat, bräunt den Pie vorsichtig im 250 °C heißen Ofen. Pie kurz abkühlen lassen und möglichst sofort verzehren.

REINE VERTRAUENSSACHE:
FLEISCH

»Darf's auch ein wenig mehr sein?« Die alte Fleischerfloskel beantworte ich grundsätzlich mit Ja. Aber ich meine damit nicht nur die Menge, sondern auch den Preis. Denn gutes Fleisch ist nicht billig. Das macht es zwar schwierig, sich jeden Tag ein Steak in die Pfanne zu hauen, wirkt sich aber positiv auf den Geschmack aus. Wer beim Fleischkauf etwas mehr zahlt, kann davon ausgehen, dass das Fleisch nicht turbo-gemästet wurde und die Bratpfanne auch so groß verlässt, wie es hineinkam. Drei simple Tipps: Kaufen Sie bei einem Schlachter, der die Herkunft der Tiere kennt und weiß, wie sie gefüttert wurden. Kaufen Sie kein abgepacktes Fleisch, auch wenn es Ihren Geldbeutel schont. Und kochen Sie statt Billig-steaks einfach öfter mal Spaghetti.

Steps

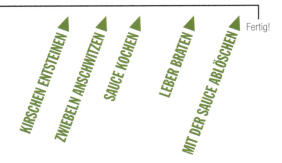

KIRSCHEN ENTSTEINEN
ZWIEBELN ANSCHWITZEN
SAUCE KOCHEN
LEBER BRATEN
MIT DER SAUCE ABLÖSCHEN
Fertig!

GEFLÜGELLEBER MIT INGWER-KIRSCHEN

4 Portionen

ZUTATEN FÜR DIE LEBER

175 g Süßkirschen
125 g Zwiebeln
20 g frische Ingwerwurzel
2 EL Öl
2 EL Kirschkonfitüre
250 ml Geflügelbrühe
2–3 EL Balsamico-Essig
600 g kleine Geflügellebern (Huhn oder Ente)
Salz, Pfeffer
3–4 EL Mehl
25 g Butter

FÜR DIE STAMPFKARTOFFELN

750 g große mehlige Kartoffeln
Salz
2 Knoblauchzehen
3 Stiele Salbei
40 g Butter
weißer Pfeffer
200 g Mascarpone (ital. Frischkäse)
Muskatnuss, frisch gerieben

1 Kirschen entsteinen. Zwiebeln und Ingwer schälen und in feine Streifen schneiden. 1 EL Öl in einem Topf erhitzen und beides darin glasig anschwitzen.

2 Kirschkonfitüre, Brühe und Balsamico-Essig dazugeben und 3 Minuten im offenen Topf kochen lassen.

3 Kirschen zur Sauce geben. Weitere 3 Minuten köcheln lassen.

4 Die Lebern leicht salzen und im Mehl wenden. Restliches Öl in einer Pfanne erhitzen und die Butter hineingeben. Die Lebern darin unter Wenden 3–4 Minuten bei hoher Hitze braten. Mit der Sauce ablöschen, salzen und pfeffern und sofort servieren.

DAZU PASSEN STAMPFKARTOFFELN MIT SALBEI UND MASCARPONE (nicht in der Stepleiste enthalten)

1 Kartoffeln waschen, schälen und in Salzwasser garen. Wasser abgießen und die Kartoffeln auf der ausgeschalteten Herdplatte eine Minute ohne Deckel trocken dämpfen.

2 Knoblauch pellen und in feine Scheiben schneiden. Salbeiblätter von den Stielen zupfen. Während die Kartoffeln dämpfen, die Butter in einem Topf aufschäumen lassen. Knoblauch und Salbei darin zusammen anschwitzen und mit Salz und Pfeffer abschmecken.

3 Die ausgedämpften Kartoffeln stampfen. Mascarpone unterheben. Mit Salz, Pfeffer und Muskat würzen. Die Butter über das Püree geben.

LAMMHACHSEN MIT KORIANDER

4 Portionen

ZUTATEN

3 Fenchelknollen à 300 g
175 g kleine weiße Zwiebeln
3 Knoblauchzehen
1 Bio-Orange
500 g eigroße, fest kochende
   Kartoffeln
4 TL Koriandersaat
4 Lammhachsen à 400 g
Salz
Pfeffer
2 EL Öl
300 ml trockener Weißwein
2 Lorbeerblätter
bestes Olivenöl

1 Fenchelknollen vierteln. Das Grün abschneiden und beiseite legen, den Strunk herausschneiden. Die Zwiebeln pellen und halbieren. Knoblauchzehen pellen und mit einem Messer zerdrücken. Die Orange heiß abspülen, die Schale mit einem Sparschäler dünn abschälen, Orange auspressen. Die Kartoffeln schälen und in kaltes Wasser legen.

2 Koriandersaat im Mörser leicht zerstoßen. Die Lammhachsen salzen und pfeffern und mit dem Koriander einreiben.

3 Das Öl in einem Bräter erhitzen. Die Hachsen darin bei hoher Hitze rundherum anbraten. Fenchelspalten, Zwiebeln und Knoblauch in den Bräter geben. Kurz mitbraten und mit Weißwein und Orangensaft ablöschen. Orangenschale und Lorbeerblätter dazugeben.

4 Zum Kochen bringen und zugedeckt bei mittlerer Hitze 80 Minuten sanft schmoren. Nach 40 Minuten die Hachsen wenden und die Kartoffeln in den Bräter geben. Nach weiteren 40 Minuten den Sud mit Salz und Pfeffer würzen. Fenchelgrün klein schneiden und über die Hachsen geben. Mit dem Olivenöl beträufeln.

Steps
KNOBLAUCH PELLEN
FLEISCH SPICKEN
FLEISCH ANBRATEN
80 MIN. IN DEN OFEN GEBEN
BRATEN ÜBERGIESSEN
TOMATEN DAZUGEBEN
BRATEN ÜBERGIESSEN
MIT ZITRONE BETRÄUFELN
Fertig!

SCHWEINEBRATEN MIT KNOBLAUCH

4–6 Portionen

ZUTATEN

6 Knoblauchzehen
1 kg Schweinenacken
750 g dicke Möhren
400 g Tomaten
50 g frische Ingwerwurzel
2 EL Öl
Salz
Pfeffer
3 EL heller Rübensirup
400 ml Geflügelfond oder Brühe
1/2 Bund glatte Petersilie
2 Zitronen

1 Knoblauchzehen pellen und vierteln. Schweinenacken mit einem kleinen, spitzen Messer 24-mal rundherum einstechen. Die Knoblauchzehen in die entstandenen Löcher drücken.

2 Möhren schälen und schräg in 5 cm lange Stücke schneiden. Die Tomaten halbieren und den Stielansatz keilförmig herausschneiden. Ingwer schälen und in dünne Scheiben schneiden.

3 Öl in einem Bräter erhitzen. Das Fleisch salzen und pfeffern und im heißen Öl rundherum anbraten. Möhren dazugeben und eine weitere Minute braten. Salzen und pfeffern. Ingwer in den Bräter geben, Rübensirup dazugeben und kurz karamellisieren lassen.

4 Den Fond angießen und aufkochen. Bräter in den heißen Ofen geben und bei 190 °C (Umluft nicht empfehlenswert) 80 Minuten schmoren, dabei des Öfteren mit dem Fond übergießen. Nach 50 Minuten die Tomaten dazugeben.

5 Am Ende der Garzeit die Petersilie fein schneiden und dazugeben. Die Zitronen halbieren und über dem Bräter auspressen. Sofort servieren.

121

WORKSHOP FLEISCH

▼ KNOCHENARBEIT

Fleischer haben's schwer. Morgens früh raus, den ganzen Tag kaltes Fleisch in der Hand und abends spät ins Bett. Erweisen Sie ihnen etwas Respekt und behandeln Sie Fleisch gut. Wie, steht hier.

▶ TROCKEN BRÄT BESSER

Tupfen Sie Fleisch vor dem Braten mit Küchenkrepp ab und lassen Sie es ein wenig bei Zimmertemperatur stehen, bevor es in die Pfanne kommt. Es tritt weniger Flüssigkeit aus, das Fleisch brät krosser und es spritzt weniger.

▲ HEISS IST HEISS, ODER?

Nicht ganz. Lassen Sie die Pfanne erst richtig heiß werden, bevor Sie das Öl hineingeben. So speichert die Pfanne mehr Hitze und kühlt nicht so stark ab, wenn das Fleisch hineinkommt. Sie vermeiden, dass das Fleisch beim Wenden zu kochen beginnt, statt zu braten. Benutzen Sie zum Braten Öl mit einem hohen Rauchpunkt, z. B. Erdnussöl. Wie lange Sie braten, bestimmt Ihr Geschmack.

▼ IN DIE ZANGE GENOMMEN

Löcher im Fleisch lassen Säfte austreten, die das Fleisch dringend benötigt. Wenden Sie Ihre Steaks also statt mit einer Fleischgabel immer mit einer Zange oder einem Pfannenwender.

◀ IN DER PFANNE LIEGT DIE WÜRZE

Würzen Sie erst, wenn Sie das Fleisch wenden. So vermeiden Sie, dass es austrocknet, und der Pfeffer kann nicht verbrennen.

▶ ES MUSS NICHT IMMER SAUCE SEIN

Geben Sie beim Braten frische Kräuter in die Pfanne und am Ende der Garzeit ein gutes Stück Butter dazu. Fertig!

Steps   Fertig!

REH ANBRATEN
PFIRSICHE ZUCKERN
20 MIN. IN DEN OFEN GEBEN
BASILIKUM MIT ÖL PÜRIEREN
FLEISCH RUHEN LASSEN

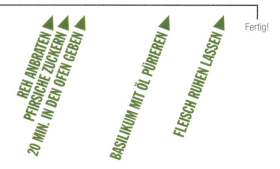

KURZ GEBRATENE REHKEULE

4 Portionen

ZUTATEN

2 TL schwarze Pfefferkörner
2 Stück Rehkeulenfleisch à 350 g,
   z. B. aus der Nuss
Salz
2 EL Öl
4 vollreife Pfirsiche
2–3 EL Zucker
3 Stiele Basilikum
6 EL bestes Olivenöl
schwarzer Pfeffer für das Öl

1 Pfefferkörner zerstoßen. Rehfleisch salzen und mit dem Pfeffer einreiben. Öl in einem Bräter erhitzen und das Fleisch darin rundherum anbraten.

2 Die Pfirsiche halbieren und entsteinen. Die Schnittflächen in Zucker tauchen, Pfirsiche mit den Schnittflächen nach oben in den Bräter geben.

3 Bräter in den vorgeheizten Ofen stellen und das Fleisch bei 210 °C (Umluft 195 °C) 20 Minuten braten.

4 Inzwischen Basilikum von den Stielen zupfen und die Blätter grob schneiden. Mit Olivenöl, etwas Salz und Pfeffer fein pürieren.

5 Das Fleisch kurz in Alufolie wickeln und ruhen lassen. In Scheiben schneiden und mit Pfirsichen und Basilikumöl servieren.

BÄRLAUCHBUTTER

250 g weiche Butter, 1 Bund glatte Petersilie, 75 g
Bärlauch, 2 TL Zitronensaft, 1 EL Weinbrand, Salz,
Pfeffer, Zucker

1 Die Butter mit den Quirlen des Handrührgeräts schaumig schlagen.
2 Petersilie und Bärlauch waschen und trockenschleudern. Ca. 10 Bärlauchblätter beiseite legen. Den üb-
rigen Bärlauch und die Petersilie fein schneiden, mit
Zitronensaft und Weinbrand unter die Butter mischen.
Mit Salz, Pfeffer und einer Prise Zucker würzen.
3 Die Bärlauchblätter in die Mitte eines Stücks Alufolie
legen. Die Butter darauf geben und alles zu einer
Rolle formen. Im Kühlschrank etwa eine Woche, im
4-Sterne-Gefrierfach etwa 6 Monate ohne Qualitäts-
verlust haltbar.

 Passt zu gebratenem Fleisch, aber auch unter
ein Risotto gehoben.

PIKANTE ZITRONENMARMELADE

750 g Bio-Zitronen, 300 g Gelierzucker 2:1, Salz,
2 TL grüne Pfefferkörner in Lake

1 Die Zitronen heiß waschen und die Enden abschneiden. Längs halbieren und in dünne Spalten schneiden,
Kerne entfernen. In kaltes Wasser geben, aufkochen
lassen und abgießen. Kalt abschrecken und diesen
Vorgang zweimal wiederholen. Beim letzten Mal etwa
4 Minuten kochen lassen und dann erst abgießen. Die
Zitronenstücke anschließend gut abtropfen lassen.
2 Zitronenspalten mit dem Gelierzucker und etwas Salz
in einem Topf mischen und 20 Minuten ziehen lassen.
3 Im Topf unter ständigem Rühren aufkochen und
3 Minuten sprudelnd kochen. Die grünen Pfefferkörner
leicht zerdrücken, dazugeben und 2 weitere Minuten
kochen. Sofort in sterilisierte Gläser füllen. Verschließen und auf den Kopf stellen.

 Diese Marmelade serviere ich meist zu Fleisch-
terrinen oder zu Aufschnitt.

CAJUN-GEWÜRZMISCHUNG

3 Knoblauchzehen, 3 TL getrockneter Oregano, 4 TL Paprikapulver edelsüß, 4 TL Kreuzkümmelpulver, 1 TL gemahlener weißer Pfeffer, 1 TL geschrotete Chilischoten, Salz

1 Knoblauchzehen pellen und fein hacken. In einer kleinen Schüssel mit Oregano und den Gewürzen mischen.
2 Sofort verwenden oder in einem Glas mit etwas Öl bedeckt fest verschlossen kalt stellen. Die Mischung hält so etwa 2 Wochen.
3 Zum Verwenden Fleisch oder Fisch mit der Mischung großzügig einreiben. Anschließend in einer heißen Pfanne von jeder Seite kräftig anbraten.

 Diese Gewürzmischung gibt sonst fadem Fleisch oder Fisch einen kräftigen Kick.

ROTWEIN-ZWIEBELSAUCE

150 g Butter, 200 g Zwiebeln, 2 Knoblauchzehen, 3 Zweige Thymian, 350 ml Rotwein, Salz, Pfeffer, Honig und Balsamico-Essig nach Geschmack

1 125 g Butter würfeln und kalt stellen. Die Zwiebeln pellen und fein würfeln, Knoblauch pellen und in Scheiben schneiden. Thymian zupfen und schneiden.
2 25 g Butter in eine Pfanne geben, aufschäumen lassen. Zwiebeln und Knoblauch darin 3 Minuten unter Rühren dünsten.
3 Mit dem Rotwein ablöschen und die Thymianblätter dazugeben. Den Rotwein sirupartig einkochen lassen.
4 Den Topf vom Herd nehmen und die kalte Butter nach und nach unter die Sauce rühren. Mit Salz und Pfeffer würzen. Mit etwas Honig und Balsamico-Essig abrunden.

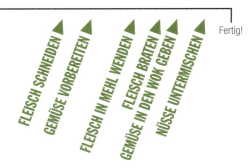

FLEISCH SCHNEIDEN
GEMÜSE VORBEREITEN
FLEISCH IN MEHL WENDEN
FLEISCH BRATEN
GEMÜSE IN DEN WOK GEBEN
NÜSSE UNTERMISCHEN

STANDARD STIR-FRY

4 Portionen

ZUTATEN
400 g Rindfleisch aus der Hüfte
175 g Shiitakepilze
1 Bund Frühlingszwiebeln
100 g Möhren
50 g Cashewnüsse
1 rote Chilischote
1 Knoblauchzehe
6 EL Sojasauce
2 EL Zucker
Mehl
Erdnussöl, ca 50 ml

NÜTZLICHES GERÄT
Wok

1 Das Fleisch in dünne Streifen schneiden. Shiitakepilze putzen und je nach Größe klein schneiden. Die Frühlingszwiebeln in 3 cm lange, schräge Stücke schneiden. Die Möhren schälen und wie die Zwiebeln schneiden. Cashewnüsse grob zerkleinern.

2 Chilischote entkernen und fein würfeln. Knoblauch pellen und in feine Scheiben schneiden. Beides in einer Schüssel mit Sojasauce und Zucker mischen. So lange rühren, bis sich der Zucker aufgelöst hat.

3 Das Fleisch in etwas Mehl wenden und das überschüssige Mehl abschütteln. Reichlich Öl im Wok stark erhitzen. Wenn das Öl den Rauchpunkt erreicht, das Fleisch schnell unter Rühren anbraten. Herausnehmen und fast das gesamte Öl abgießen.

4 Die Gemüse in den Wok geben und bei hoher Hitze 3 Minuten unter ständigem Rühren braten. Sojasauce in den Wok geben und eine Minute kochen. Fleisch und Cashewnüsse darin schwenken und sofort servieren.

GRENZENLOSE MÖGLICHKEITEN
Diesen Stir-fry (Englisch für Pfannengerührtes) kann man beliebig variieren: mit Geflügel, anderen Gemüsen oder Tofu anstelle des Fleisches. Die Zubereitungsmethode bleibt jedoch immer die gleiche.

GESCHMORTE BEINSCHEIBEN

4–6 Portionen

ZUTATEN

500 g Zwiebeln

3 Knoblauchzehen

4 Beinscheiben vom Rind à 300 g

Salz

Pfeffer

Mehl

4 EL Öl

2–3 Sternanis

2 EL Tomatenmark

250 ml Rotwein

3 Zweige Rosmarin

1 kleiner Zweig frischer Lorbeer

300 ml Rinderbrühe

Zucker

1 Zwiebeln und Knoblauchzehen pellen und in Scheiben schneiden.

2 Die Beinscheiben salzen und pfeffern und im Mehl wenden. Das Öl in einem Bräter erhitzen und die Scheiben darin bei hoher Hitze von beiden Seiten scharf anbraten. Herausnehmen und die Zwiebeln in den Bräter geben. Knoblauch und Sternanis dazutun und unter Rühren 3–4 Minuten hellbraun braten.

3 Tomatenmark dazugeben und untermischen. Mit dem Rotwein ablöschen und die Beinscheiben wieder in den Bräter legen. Rosmarinzweige und Lorbeerzweig auf den Beinscheiben verteilen. Brühe angießen und aufkochen. Bei mittlerer Hitze zugedeckt 75 Minuten schmoren, dabei die Scheiben zweimal wenden.

4 Die Beinscheiben auf eine Platte legen, den Schmorfond mit Salz, Pfeffer und einer Prise Zucker würzen und darüber gießen.

In meiner Familie haben alle gekocht. Und das ständig. Tanten brieten und Onkel backten, meine Oma kochte Eintöpfe, und meine Cousins machten ein. In meiner Familie war gutes Essen eine Selbstverständlichkeit, die nie an die große Glocke gehängt wurde. Es war einfach, wie es war, man kochte und genoss es, zusammen zu sein. Und wenn ich nicht in meinem Zimmer mit der Carrera-Bahn spielte, stand auch ich in der Küche. Wenn auch nur, um etwas abzustauben. Trotzdem merkte ich mir irgendwie, was da so passierte. Jedes Rezept in diesem Kapitel entspringt diesen frühen Erinnerungen. Ich hoffe, dass ich nichts vergessen habe. Omi ist nicht immer so nett, wie sie aussieht.

DENKE ICH ANS KOCHEN, DENKE ICH AN FAMILIE

Steps   Fertig!

STECKRÜBEN SCHÄLEN
ZWIEBELN ANSCHWITZEN
SPECK DAZUGEBEN
MIT BRÜHE AUFFÜLLEN
CRÈME FRAÎCHE ANRÜHREN

OMAS STECKRÜBENEINTOPF

6 Portionen

MEINE GROSSMUTTER TISCHTE DIESEN EINTOPF IMMER AM NEUJAHRSTAG AUF. HUT AB, ICH SCHAFFE ES IMMER ERST AM 2. JANUAR.

ZUTATEN

500 g Steckrüben
800 g fest kochende Kartoffeln
4 Zwiebeln
400 g durchwachsener Bauchspeck
25 g Butter
1,25 l Kalbsfond oder Hühnerbrühe
4 oder 6 Kochwürste
1 Bund glatte Petersilie
150 g Crème fraîche
Salz
Pfeffer
1 Msp. gemahlener Kümmel

1 Steckrüben schälen und in 2 cm große Würfel schneiden. Die Kartoffeln waschen, schälen und ebenfalls in Würfel schneiden. Die geschälten Zwiebeln in Spalten schneiden. Den Speck in dicke Scheiben schneiden.

2 Die Butter in einem Topf erhitzen. Zwiebeln darin bei niedriger Hitze unter Rühren anschwitzen. Die Hitze erhöhen und den Speck dazugeben, weitere 2 Minuten anschwitzen. Kartoffeln und Steckrüben dazugeben, kurz anschwitzen und mit der Brühe auffüllen. Zum Kochen bringen, die Kochwürste dazugeben und bei mittlerer Hitze 30 Minuten sanft kochen lassen.

3 Inzwischen die Petersilie waschen. Die Blätter von den Zweigen zupfen und fein schneiden. Crème fraîche mit etwas Salz, Pfeffer und gemahlenem Kümmel glatt rühren.

4 Den Eintopf mit Salz und Pfeffer würzen und die Petersilie untermischen. Mit der Crème fraîche servieren.

Steps   Fertig!

KLOPSE FORMEN
SPARGEL SCHÄLEN
KLOPSE ANBRATEN
BRÜHE ANGIESSEN

ESTRAGON DAZUGEBEN

SPARGELFRIKASSEE MIT KLOPSEN

4 Portionen

ZUTATEN

500 g Kalbshack
1 Ei
200 g Schlagsahne
1–2 EL Semmelbrösel
Salz
Pfeffer
500 g weißer Spargel
75 g Butter
1 gehäufter EL Mehl
1 Dose Artischocken-
   böden (400 g EW)
125 ml Brühe
2 Stiele Estragon

1 Kalbshack, Ei, 3 EL Schlagsahne und Semmelbrösel vermischen.
   Mit Salz und Pfeffer würzen und zu kleinen Klopsen formen.

2 Den Spargel schälen und die holzigen Enden abschneiden. Spargel-
   stangen in 4 cm lange Stücke schneiden. 25 g Butter und Mehl gründlich vermengen. Artischockenböden abtropfen lassen und vierteln.

3 Die restliche Butter in einer Pfanne erhitzen und die Klopse darin bei
   mittlerer Hitze rundherum 4–5 Minuten hellbraun braten. Herausnehmen
   und die Spargelstücke hineingeben. 3 Minuten anschwitzen. Die restliche
   Sahne und die Brühe angießen und zum Kochen bringen. 5 Minuten
   sanft kochen. Die Mehlbutter unterrühren, Artischockenböden und Hack-
   bällchen dazugeben. Weitere 2–3 Minuten kochen.

4 Estragon von den Stielen zupfen, schneiden und zur Sauce geben.
   Salzen, pfeffern und sofort servieren.

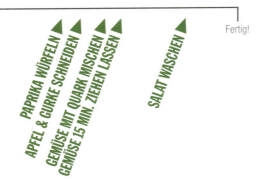

PAPRIKA WÜRFELN
APFEL & GURKE SCHNEIDEN
GEMÜSE MIT QUARK MISCHEN
GEMÜSE 15 MIN. ZIEHEN LASSEN
SALAT WASCHEN

TANTE POPPES SOMMERSALAT

4 Portionen

DIESEN SALAT GIBT ES SCHON LÄNGER ALS MICH.
MEINE TANTE BEREITETE IHN IMMER MIT GURKEN AUS
IHREM GARTEN ZU.

ZUTATEN
2 rote Paprika
2 rote Äpfel
1 Salatgurke
1 rote Zwiebel
1/2 Bund Dill
150 g Magerquark
Saft einer Zitrone
Salz
Pfeffer
1 Kopfsalat

NÜTZLICHES GERÄT
Salatschleuder

1 Paprika vierteln und entkernen. Äpfel mit einem Kernausstecher entkernen. Gurke schälen, längs halbieren und die Kerne mit einem Löffel herauskratzen. Alles in ca. 1 cm große Würfel schneiden. Die Zwiebel in sehr feine Ringe schneiden oder hobeln.

2 Dill fein schneiden und mit Quark und Zitronensaft in einer Schüssel verrühren. Paprika, Äpfel, Gurke und Zwiebel damit vermengen. Salzen und pfeffern und 15 Minuten ziehen lassen.

3 Den Kopfsalat putzen, waschen und trockenschleudern.

4 Salatblätter auf einer Platte verteilen und das angemachte Gemüse darauf geben.

TANTE POPPE EMPFIEHLT
Verwenden Sie knackige, säuerliche Äpfel für diesen Salat. Süße Äpfel verlieren sich geschmacklich. Der Salat schmeckt auch auf geröstetem Graubrot.

Steps

KIRSCHEN ABTROPFEN LASSEN
FLÜSSIGKEIT AUFKOCHEN
SAGO DAZUGEBEN
ABKÜHLEN LASSEN
QUARK ZU KNÖDELN FORMEN
KNÖDEL GAREN

Fertig!

KIRSCH-KALTSCHALE MIT FROSCHAUGEN

6 Portionen

DAS IST DAS ERSTE DESSERT, AN DAS ICH MICH ERINNERN KANN. MEINE OMI MACHTE DAZU IMMER GRIESSKNÖDEL, DIE SIND MIR JEDOCH ETWAS ZU AUFWÄNDIG. ICH LIEBE LOCKERE QUARKKNÖDEL.

ZUTATEN FÜR DIE SUPPE

1 Glas Schatten-
    morellen (800 g EW)
100 g Zucker
5 EL Erdbeersirup
25 g frische Ingwerwurzel
50 g Perlsago

ZUTATEN FÜR DIE KNÖDEL

400 g Magerquark
120 g Weizentoast
30 g weiche Butter
30 g Zucker
1 Ei
1 Eigelb
fein abgeriebene Schale einer
    halben Bio-Zitrone
Salz

1 Die Schattenmorellen in einem Sieb über einem Topf abtropfen lassen. Zucker, Erdbeersirup und 250 ml Wasser zum Saft geben. Ingwer schälen, fein reiben und zur Flüssigkeit geben. Bei mittlerer Hitze zum Kochen bringen und Sago unter Rühren hineinrieseln lassen.

2 Bei niedriger Hitze 15 Minuten leise kochen lassen.

3 Am Ende der Garzeit die Sauerkirschen zur Suppe geben. Abkühlen lassen und im Kühlschrank vollständig erkalten lassen.

1 Den Quark in einem Tuch ausdrücken. Toastbrot entrinden und in der Küchenmaschine zerkleinern. Butter und Zucker mit einem Schneebesen schaumig rühren. Quark, Brösel, Ei, Eigelb und die Zitronenschale mit einer Prise Salz unterarbeiten. 2 Stunden kalt stellen.

2 2 Liter leicht gesalzenes Wasser in einem großen Topf zum Kochen bringen. Die Quarkmasse mit feuchten Händen oder Löffeln zu 12 gleich großen Knödeln formen. Ins kochende Wasser legen, Hitze reduzieren und mit angewinkeltem Deckel 10 Minuten gar ziehen lassen. Herausnehmen, kurz abtropfen lassen und mit der Kaltschale servieren.

WORKSHOP KARAMELL

▼ SÜSSES GOLD

Klar, den Bunsenbrenner anzuschmeißen macht mir großen Spaß, aber Karamell hat einen wirklich wichtigen Platz in meiner Küche. Ob auf der Brûlée oder auf einer Tomate, ist da fast schon Nebensache.

▶ MILDE SÜSSE

Unterstützen Sie die Süße einiger Gemüse, indem Sie beim Braten etwas Zucker darüber geben. Vor allem Zwiebeln und Schalotten profitieren davon, und mit etwas Essig abgelöscht, wird daraus schnell ein leckeres Antipasto.

▲ ENTFERNTE VERWANDTE

Die Röststoffe, die beim Anbraten von Gemüsen entstehen, sind im weitesten Sinne auch eine Art Karamell. Die enthaltenen Zuckerstoffe bräunen bei der Hitzezufuhr. Das ist besonders bei Saucen und dunklen Fonds von Vorteil, da sie Geschmack und Farbe an die Sauce weitergeben.

142

▼ SO ODER SO WIRD'S WAS

Brauchen Sie nur wenig Karamell, geben Sie den Zucker direkt in eine Pfanne und lassen ihn bei mittlerer Hitze bräunen. Für große Mengen Zucker in Wasser auflösen und so lange kochen, bis die richtige Farbe erreicht ist.

▲ AUS DEM BAUMARKT IN DIE KÜCHE

Wie kriegt man Männer zum Kochen? Mit schwerem Gerät! Der Bunsenbrenner erfüllt aber einen wichtigeren Zweck. Zum Beispiel bei der Crème Brûlée: Durch die hohe Hitze kann er Zucker blitzschnell karamellisieren, ohne die Crème zu erwärmen – das A und O bei diesem Dessert.

▶ NIE WIEDER FERTIGSAUCE

Eine gute Karamellsauce ist so einfach zu machen, da frage ich mich, wieso es das Fertigzeug gibt: Zucker in einem Topf karamellisieren (den Zucker müssen Sie nicht mal abwiegen). Dann so viel Sahne vorsichtig unter Rühren dazugeben, bis die Sauce die gewünschte Konsistenz hat.

Steps   MARZIPAN RASPELN   BUTTER CREMIG SCHLAGEN   BIRNEN IN DIE FORM GEBEN   CA. 40 MIN. BACKEN   AUS DEM OFEN NEHMEN   AUS DER FORM LÖSEN   Fertig!

VERKEHRTER BIRNENKUCHEN

Für 14 Stück

ZUTATEN

150 g Marzipan-Rohmasse
150 g weiche Butter
100 g Zucker
1/2 TL gemahlene Nelken
5 Eier
300 g Mehl
3 TL Backpulver
1 TL abgeriebene Orangenschale
   (unbehandelt)
4 EL Orangensaft
4 reife Birnen, ca. 600 g
Butter und brauner Zucker
   für die Form

1   Marzipan-Rohmasse raspeln. Butter, Zucker und gemahlene Nelken dazugeben und mit den Quirlen des Handrührers cremig rühren. Eier nacheinander je 1/2 Minute gut unterrühren. Mehl und Backpulver sieben und mit abgeriebener Orangenschale und Orangensaft unter die Marzipan-Buttermasse rühren.

2   Birnen schälen, halbieren und mit einem Kugelausstecher entkernen. Boden und Rand einer Springform (28 cm Ø) fetten. Den Boden mit etwa 2 EL Zucker bestreuen. Eine Birnenhälfte mit der Schnittfläche nach unten in die Mitte der Form legen. Restliche Birnen im Kreis darumlegen. Dabei sicherstellen, dass etwa 2 cm Abstand zum Rand der Form bleibt.

3   Teig auf die Birnen geben und glatt streichen. Im vorgeheizten Ofen bei 190 °C (Umluft 175 °C) auf der zweiten Schiene von unten 35–40 Minuten backen. (Garprobe: An einem Zahnstocher, der nach Ablauf der Garzeit in die Mitte des Kuchens gestochen wird, sollte kein Teig haften, wenn man ihn herauszieht.)

4   Den Kuchen etwa 15 Minuten in der Form abkühlen lassen. Umgedreht auf einen Kuchenteller stürzen und die Form lösen.

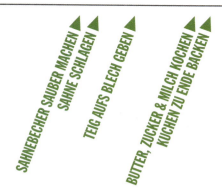

Steps   Fertig!

SAHNEBECHER SAUBER MACHEN
SAHNE SCHLAGEN
TEIG AUFS BLECH GEBEN
BUTTER, ZUCKER & MILCH KOCHEN
KUCHEN ZU ENDE BACKEN

CORNFLAKES-BUTTERKUCHEN

Für 24 Stück

ZUTATEN

1 Becher Schlagsahne (250 g)
1 3/4 Becher Zucker
2 Becher Mehl
1 Pck. Backpulver
4 Eier Gr. M
180 g Butter
3 EL Milch
3 Becher Cornflakes

1   Schlagsahne in eine Schüssel gießen. Den Becher auswaschen und trocknen, um ihn zum Abmessen der folgenden Zutaten zu verwenden.

2   Die Sahne halbsteif schlagen. Einen Becher Zucker einrieseln lassen und Sahne kurz weiterschlagen. Zuerst Mehl und Backpulver, dann die Eier nacheinander gut unterrühren.

3   Den Teig auf ein gefettetes oder mit Backpapier ausgelegtes Backblech (30 x 40 cm) streichen. Im vorgeheizten Ofen bei 200 °C (Umluft 180 °C) auf der zweiten Schiene von unten 10 Minuten vorbacken.

4   Butter, 3/4 Becher Zucker und Milch aufkochen. Vom Herd nehmen und die Cornflakes zugeben. Masse auf den vorgebackenen Teig verteilen und weitere 12 Minuten backen. Lauwarm servieren.

APFELCHUTNEY

250 g Zwiebeln, 50 g Ingwer, 2 rote Chilischoten,
600 g Äpfel, 150 g Zucker, 1 Lorbeerblatt, 100 ml
Apfelessig, 200 ml klarer Apfelsaft, 1 EL Madras-
Currypulver, Salz, Pfeffer

1 Zwiebeln schälen und 1 cm groß würfeln. Ingwer
   schälen und fein würfeln. Chilischoten in sehr feine
   Scheiben schneiden. Die Äpfel vierteln, schälen,
   entkernen und 1 cm groß würfeln.
2 Zucker in einem großen Topf ohne zu rühren hellbraun karamellisieren. Zwiebeln, Ingwer, Chili und
   Lorbeerblatt dazugeben und sofort unter Rühren mit
   Essig und Apfelsaft ablöschen. Apfelwürfel dazugeben
   und mit dem Curry bestäuben. Unter Rühren kochen,
   bis sich der Zucker aufgelöst hat, mindestens aber
   6–7 Minuten. Mit Salz und Pfeffer abschmecken.
3 Das Chutney in sterilisierte Gläser mit Twist-Off-De-
   ckel füllen und verschließen. Gläser etwa 5 Minuten
   auf den Kopf stellen. Verschlossen ca. 1 Jahr haltbar.

FEIGENMARMELADE

ca. 600 g reife Feigen, 225 g Gelierzucker 2:1, 5 cl süßer Sherry (Cream oder Oloroso), 1 Zimtstange (6 cm),
2 EL Zitronensaft

1 Feigen waschen und den Stielansatz entfernen. In
   1 cm große Würfel schneiden, in einen Topf geben
   und mit Gelierzucker und Sherry mischen. 1–2 Stunden stehen lassen, damit sich etwas Saft bildet.
2 Zimtstange dazugeben und unter ständigem Rühren
   aufkochen, dann 4 Minuten sprudelnd weiterkochen.
   Zitronensaft dazugeben und sofort in sterilisierte
   Gläser mit Twist-Off-Deckeln füllen.
3 Die Gläser verschließen und auf den Kopf stellen.
   Nach 5 Minuten wieder umdrehen. Die Marmelade
   hält sich ungeöffnet an einem kühlen Ort ca. 1 Jahr.

CHILI-KETCHUP MIT PAPRIKA

500 g Tomaten, 150 g rote Zwiebeln, 4 Knoblauchzehen, 2 rote Paprikaschoten, 6 Pimentkörner, 1 Zimtstange, 1 Sternanis, 3 getrocknete rote Chilischoten, Salz, 2 EL Tomatenmark,125 ml Weißweinessig, 50 g brauner Zucker, 1–2 TL Speisestärke

1 Tomaten waschen und die Stielansätze entfernen. Zwiebeln und Knoblauch pellen. Paprikaschoten vierteln und entkernen. Alles fein pürieren.

2 Mit Piment, Zimt und Anis in eine Pfanne geben. Bei kleiner Hitze unter häufigem Rühren 25 Minuten offen kochen. Durch eine flotte Lotte oder ein nicht zu feines Sieb in einen Topf geben.

3 Chilischoten im Mörser mit etwas Salz fein zerstoßen. Mit Tomatenmark, Essig und braunem Zucker in die Pfanne geben. Weitere 10 Minuten unter Rühren kochen.

4 Speisestärke in kaltem Wasser glatt rühren. Ketchup mit der Stärke leicht abbinden.

5 Kochend heiß in sterilisierte Flaschen oder Gläser füllen und sofort verschließen.

REMOULADE MIT MANDELN

1 Ei, 50 g geschälte Mandeln, 100 g feiner Staudensellerie, 1 Zwiebel, 40 g feine Kapern (abgetropft), 75 g Cornichons oder Gewürzgurke, 4 Zweige glatte Petersilie, 1 Eigelb Gr. L, 1 TL mittelscharfer Senf, 125 ml Öl, 75 g Crème fraîche, Salz, weißer Pfeffer

1 Das Ei anpieken, in kochendes Wasser geben und in 8–9 Minuten hart kochen. Abgießen, abschrecken und pellen. Das Ei anschließend würfeln.

2 Mandeln fein hacken. Sellerie waschen, entfädeln und in sehr feine Würfel schneiden. Zwiebel pellen und fein hacken. Kapern und Cornichons ebenfalls hacken. Petersilie fein schneiden.

3 Das Eigelb mit dem Senf in einer Schüssel verrühren. Unter ständigem Rühren mit dem Schneebesen oder Handrührgerät das Öl erst tropfenweise, dann in einem dünnen Strahl in das Eigelb rühren.

4 Die vorbereiteten Zutaten sowie die Crème fraîche in die Mayonnaise geben und mit Salz und Pfeffer würzen.

149

Steps

NUDELN KOCHEN ◀
WURST & KÄSE SCHNEIDEN ◀
MANDARINEN ABTROPFEN ◀
SAUCE VERRÜHREN ◀
ZIEHEN LASSEN ◀

Fertig!

TIMS NUDELSALAT

DIESES GERICHT IST FÜR MICH KINDHEIT PUR.

2–4 Portionen

ZUTATEN

250 g Hörnchennudeln
Salz
100 g tiefgekühlte Erbsen
200 g Fleischwurst
100 g Butterkäse
1 Dose Mandarinen (314 g EW)
100 g Miracel Whip (15 % Fett)
100 g Vollmilchjoghurt
6 EL Gewürzgurkensud
schwarzer Pfeffer

1 Die Nudeln in kochendem Salzwasser nach Packungsanweisung garen. Die Erbsen 30 Sekunden vor Ende der Garzeit ins Nudelwasser geben. Abgießen, kurz abschrecken und gut abtropfen lassen.

2 Die Fleischwurst und den Butterkäse in kurze, ca. 1 cm breite Streifen schneiden. Mit den Nudeln mischen.

3 Die Mandarinen gut abtropfen lassen. Miracel Whip und Joghurt mit dem Gurkensud in einer Schüssel verrühren. Nudelmischung und Mandarinen vorsichtig mit der Sauce vermengen.

4 Mit Salz und Pfeffer würzen und 15 Minuten ziehen lassen.

ZWIEBELN SCHNEIDEN
SAUERKRAUT IN DEN TOPF
BRÜHE DAZU & KOCHEN
KALBSBRÄT ABSTECHEN
KLÖSSCHEN IN DIE SUPPE GEBEN

UMZUGSSUPPE

6 Portionen

WENN IN DER FAMILIE WIEDER MAL EIN UMZUG ANSTEHT, VERDRÜCKE ICH MICH IN DIE KÜCHE UND KOCHE DIESE SUPPE. SO VERMEIDE ICH DAS KISTENSCHLEPPEN JEDES MAL.

ZUTATEN

250 g Zwiebeln
2 Lorbeerblätter
1 EL Öl
2 EL edelsüßes Paprikapulver
2 EL Tomatenmark
2 Dosen Sauerkraut (450 g EW)
1 Dose geschälte Tomaten (400 g EW)
150 ml Weißwein
1,5 l Brühe
schwarze Pfefferkörner
1 TL getrockneter Majoran oder
    Oregano
275 g grobes Kalbsbrät
200 g tiefgefrorene Suppenklößchen
Salz
Pfeffer
100 g saure Sahne

1 Zwiebeln pellen und in feine Streifen schneiden. In einem Topf mit dem Lorbeer im heißen Öl anschwitzen. Paprikapulver und Tomatenmark dazugeben und kurz anschwitzen.

2 Sauerkraut in den Topf geben und eine Minute anschwitzen. Die Dosentomaten in der Dose etwas zerkleinern und dazugeben. Weißwein und Brühe angießen und zum Kochen bringen. Pfefferkörner und Majoran dazugeben und bei mittlerer Hitze 15 Minuten kochen.

3 Kalbsbrät zu kleinen Klößchen abstechen und vorsichtig in die kochende Suppe geben. 10 Minuten gar ziehen lassen.

4 Die Suppenklößchen dazugeben und etwa 5 Minuten erhitzen. Mit Salz und Pfeffer würzen.

5 Mit der sauren Sahne servieren.

KURZ VOR ANPFIFF AB ZUM
SUPERMARKT

Auch wenn ich es gerne täte, ich stehe nicht jeden Morgen bei Tagesanbruch auf dem Markt, um die frischesten Produkte zu ergattern. Auch ich sitze mal am Samstagnachmittag rum und frage mich, ob vor der Sportschau noch genug Zeit ist, um das Abendessen zu besorgen. Dann düse ich zum Supermarkt und lasse mich von der Riesenauswahl anregen. Es ist so einfach, zum Beispiel aus ein paar Dosen Tomaten, etwas Schinken und Nudeln etwas Leckeres zu kochen, da kann ich getrost die ganzen Fertiggerichte liegen lassen. Und wenn ich noch ein Dessert fertig habe, bevor das Spitzenspiel anfängt, ist der Samstagabend gerettet.

KÄSEGRIESS

6 Portionen

ZUTATEN

1 l Milch

1 Knoblauchzehe

1 Msp. geriebene Muskatnuss

Salz

200 g Hartweizengrieß oder
   Maisgrieß

3 Eier Gr. L

125 g Quark (20 % Fett, abgetropft)

etwas Öl

300 g geriebener Bergkäse
   (auch Reste verschiedener
   Käsesorten)

1 Die Milch mit der gepellten Knoblauchzehe, Muskat und etwas Salz zum Kochen bringen. Grieß unter Rühren einrieseln lassen und gut untermischen. Bei mittlerer Hitze unter häufigem Rühren 12 Minuten ausquellen lassen. In eine Schüssel geben und etwa 5 Minuten abkühlen lassen. Die Eier trennen.

2 Mit einem Holzlöffel den Quark unter den Grieß rühren. Nach und nach die Eigelbe dazugeben, immer ein Eigelb vollständig in die Masse einarbeiten, bevor das nächste dazukommt. Die Eiweiße mit einer Prise Salz steif schlagen und behutsam unter die Masse heben.

3 Eine ofenfeste Form leicht fetten und die Masse hineinfüllen. Mit der Rückseite einer leicht geölten Kelle Mulden in die Masse drücken und den Käse darin verteilen.

4 Im vorgeheizten Ofen bei 190 °C (Umluft 175 °C) auf der zweiten Schiene von unten 25–30 Minuten backen.

Steps

KARTOFFELPÜREE KOCHEN
CANNELLONI FÜLLEN
TOMATEN PÜRIEREN
RICOTTA VERRÜHREN
30 MIN. BACKEN

Fertig!

KARTOFFELCANNELLONI

4 Portionen

ZUTATEN

1 Beutel Kartoffelpüree (für 500 ml
   Milch oder 3 Portionen)
500 ml Milch
1 Bund Basilikum
12 Cannellonituben
Butter für die Form
2 Dosen Tomaten (400 g EW)
75 g getrocknete Tomaten in Öl,
   abgetropft
Salz
Pfeffer
Zucker
175 g Ricotta
2 Eigelbe
Muskatnuss
40 g Parmesan

NÜTZLICHES GERÄT
Spritzbeutel

1 Das Kartoffelpüree mit der Milch nach Packungsanweisung kochen. Basilikum von den Stielen zupfen und fein schneiden, unter das Püree heben. Masse kurz abkühlen lassen und in einen Spritzbeutel mit einer großen Lochtülle füllen.

2 Die Cannellonituben mit der Kartoffelmasse füllen und in eine gebutterte Auflaufform legen.

3 Dosentomaten mit den getrockneten Tomaten kurz pürieren und mit Salz, Pfeffer und etwas Zucker würzen. Über die Cannelloni geben.

4 Ricotta in einer Schüssel mit den Eigelben, etwas geriebener Muskatnuss, Salz und Pfeffer verrühren. Parmesan fein reiben und untermischen.

5 Die Ricottamischung in kleinen Häufchen auf der Tomatensauce verteilen. Im vorgeheizten Ofen bei 200 °C (Umluft 175 °C) 30 Minuten backen.

MAL WIEDER ZU VIEL GEKOCHT?
Sie können natürlich die Cannelloni auch mit übrig gebliebenem Kartoffelpüree vom Vortag zubereiten. Oder noch etwas Schinken oder gehackte Nüsse in die Kartoffelmasse geben.

WORKSHOP GEWÜRZE

▼ REIBUNGSWÄRME

Wenn Sie getrocknete Kräuter benutzen, reiben Sie diese ein wenig zwischen den Handflächen, bevor sie in den Topf kommen. Die Öle, die so freigesetzt werden, helfen dem Geschmack auf die Sprünge.

▶ SCHARF UND IMMER BEREIT

Getrocknete Chilis sind in jeder Küche unerlässlich. Sie behalten ihr Aroma praktisch ewig und geben zerbröselt jedem Gericht ein bisschen Bums. Wenn sie zu scharf sind, einfach vorher die Kerne entfernen.

▲ GUT GERÖSTET KOMMT BESSER

Viele Gewürze offenbaren, ähnlich wie Kaffee, erst beim Rösten ihr volles Aroma. Vor allem orientalische und indische Gerichte profitieren von der dazugewonnenen Geschmacksfülle. Erhitzen Sie die Gewürze im Ganzen in einer Pfanne bei mittlerer Temperatur. Wenn duftender Rauch aufsteigt, herausnehmen.

◀ KULINARISCHE MUCKIBUDE

Es braucht schon ein wenig Kraft, um Gewürze im Mörser fein zu zerstoßen, aber die Mühe lohnt sich. Frisch zerstoßene Gewürze sind viel intensiver als all die alten Pülverchen, die bei den meisten Leuten zu Hause im Gewürzschrank stehen. Und kräftige Oberarme sind auch nicht zu verachten. Also ruhig den Arm beim Zerstoßen mal wechseln.

▲ STEINALT, ABER HOCHMODERN

Mörser sind wohl mit die archaischsten Küchenwerkzeuge. Die ältesten Exemplare kommen aus Mexiko, wo sie schon vor 6000 Jahren benutzt wurden. Um die Gewürze gut zu zermalmen, wählen Sie einen schweren Mörser mit einer glatten, aber griffigen Innenseite und handlichem Stößel.

▶ SCHÖNER SCHWITZEN

Paprikapulver und Currymischungen sollten immer erst in etwas nicht zu heißem Öl angeschwitzt werden, um die Aromen voll zur Geltung zu bringen. Beim Schmoren ist das einfach, doch für Mayonnaisen und kalte Saucen muss man die Gewürze separat in einem Topf erwärmen.

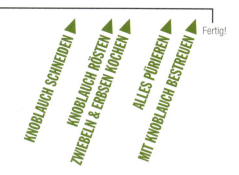
GRÜNES ERBSENPÜREE

4 Portionen

FINDET ZWAR NICHT JEDER HÜBSCH, ABER ÜBER DEN GESCHMACK SIND SICH ALLE EINIG!

ZUTATEN

2–3 große Knoblauchzehen
2 kleine Zwiebeln
1 Bio-Zitrone
4–5 EL Olivenöl
400 g tiefgekühlte Erbsen
Salz
Pfeffer
Zucker

1 Knoblauchzehen pellen und in sehr dünne Scheiben schneiden. Zwiebeln pellen und sehr fein würfeln. Die Zitrone waschen, die Schale fein abreiben und die Zitrone auspressen.

2 Öl in einer Pfanne erhitzen und den Knoblauch darin bei mittlerer Hitze goldbraun braten. Knoblauch herausnehmen und auf Küchenpapier abtropfen lassen.

3 Das Öl bis auf 1–2 EL aus der Pfanne gießen, aber aufbewahren. Zwiebeln und Erbsen in die Pfanne geben und eine Minute anschwitzen. Salzen und pfeffern und mit etwas Zucker bestreuen. 5 EL Wasser, 2 EL Zitronensaft und die Zitronenschale dazugeben und 1–2 Minuten kochen.

4 Alles in einem hohen Gefäß pürieren. Wenn das Püree etwas fest sein sollte, etwas Knoblauchöl oder Wasser dazugeben. Mit Salz und Pfeffer würzen. Den gerösteten Knoblauch auf dem Püree verteilen und servieren.

DA SIND WIR UNS ALLE GRÜN

Erbsenpüree passt genauso gut zu gebratenen Lammfilets wie zu gegrilltem Fisch. Und jedes Eisbein schmeckt mit meinem frischen Erbsenpüree noch viel besser.

BLITZ-ERDBEEREIS

150 g Sahnejoghurt, 3 EL flüssiger Honig, 2 EL Zitronensaft, 400 g tiefgekühlte Erdbeeren, 4 EL Erdbeerlimes, 1 Pck. Vanillezucker, 6 EL Puderzucker

1 Joghurt mit Honig und Zitronensaft verrühren.
2 Erdbeeren mit Erdbeerlimes, Vanillezucker und Puderzucker mischen und 10 Minuten leicht antauen lassen. Dann mit einem Pürierstab oder in der Küchenmaschine fein pürieren.
3 Joghurt mit einem Löffel unter das Erdbeerpüree heben. Die Masse 15 Minuten in den Gefrierschrank geben.
4 Kurz vor dem Servieren das Eis zu Kugeln ausstechen und mit Minze dekoriert servieren.

QUARK-NOUGAT-CREME

400 g Sahnequark, 75 g Zucker, Mark einer Vanilleschote, 100 g Schlagsahne, 100 g Halbbitterschokolade (mindestens 70 % Kakao), 100 g Nussnougat-Creme (Nutella), 4 kleine Bananen, 1 EL Zitronensaft

1 Quark mit Zucker und Vanillemark in eine Rührschüssel geben. Bei niedriger Stufe etwa 10–15 Minuten mit den Quirlen des Handrührgeräts cremig rühren. Schlagsahne unterrühren.
2 Die Schokolade hacken und mit der Nussnougat-Creme in einer Schüssel über einem heißen Wasserbad schmelzen. Die Bananen schälen und würfeln oder in Scheiben schneiden. Mit dem Zitronensaft mischen und in vier Gläser geben. Die Nougatmasse darauf füllen.
3 Die Quarkcreme darauf verteilen. Mit etwas geraspelter Schokolade bestreuen.

MÜSLI VOM BLECH

300 g kernige Haferflocken, 100 g Mandelblättchen, 3 TL Zimtpulver, 50 g Pinienkerne, 150 g flüssiger Honig, 6 EL Öl, 50 g grob gehackte Walnüsse, 100 g getrocknetes Obst (Aprikosen, Datteln, Feigen oder Cranberries)

1 Alle Zutaten außer dem getrockneten Obst in einer Schüssel vermengen.
2 Auf ein mit Backpapier ausgelegtes Blech geben und im heißen Ofen bei 175 °C (Umluft nicht empfehlenswert) unter gelegentlichem Wenden 25 Minuten backen. Vollständig abkühlen lassen.
3 Trockenobst würfeln und in einer Schüssel unter das Müsli mischen. Das Müsli in einem luftdichten Gefäß aufbewahren.

 Ich mische das Müsli immer mit etwas Joghurt und frischem Obst. Die obige Menge reicht für etwa 12 Portionen.

SÜSSE BRUSCHETTA

4 dicke Scheiben Brioche oder Hefezopf, 200 g Crème fraîche, 4 EL Honig, 2 TL abgeriebene Schale einer Bio-Zitrone, 2 TL Zitronensaft, 250 g Himbeeren

1 Brotscheiben auf einem Blech im Ofen goldbraun rösten oder im Sandwichgrill goldbraun grillen.
2 Crème fraîche, 2 EL Honig, Zitronenschale und Zitronensaft verrühren. Himbeeren sorgfältig verlesen. Crème fraîche auf den Brotscheiben verteilen und mit den Himbeeren bestreuen.
3 Restlichen Honig auf die Bruschetta verteilen und servieren.

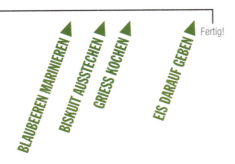

GRIESSSUPPE MIT BLAUBEEREN

4 Portionen

ZUTATEN

350 g tiefgekühlte Blaubeeren
4 EL Ahornsirup
1–2 EL Limettensaft
1 Biskuitboden für Obsttorten
   (fertig aus dem Supermarkt)
400 ml Milch
200 g Schlagsahne
1 Vanilleschote
30 g Weichweizengrieß
50 g Zucker
abgeriebene Schale einer halben
   unbehandelten Limette
4 Kugeln gutes Vanilleeis

NÜTZLICHES GERÄT

Ring, Glas oder Ausstecher von 10 cm
   Durchmesser

1 Blaubeeren auftauen und in einer Schüssel mit Ahornsirup und Limettensaft mischen. 10 Minuten ziehen lassen.

2 Vom Biskuit vier Kreise von 10 cm Durchmesser ausstechen. In vier tiefe Teller geben und die Blaubeeren darauf verteilen.

3 Milch und Sahne mit der aufgeschnittenen Vanilleschote aufkochen. Vanilleschote herausnehmen und den Grieß mit dem Zucker unter Rühren einrieseln lassen. Unter weiterem Rühren bei mittlerer Hitze 4 Minuten kochen.

4 Die Limettenschale dazugeben und die Grießsuppe heiß um die Blaubeeren gießen. Je eine Kugel Vanilleeis darauf geben.

HEISS-KALT ERWISCHT

Wenn Sie die Grießsuppe lieber abgekühlt servieren wollen, benutzen Sie nur 25 g Grieß, da sie beim Abkühlen fester wird.

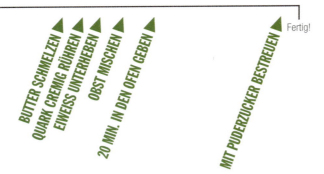

Steps · BUTTER SCHMELZEN · QUARK CREMIG RÜHREN · EIWEISS UNTERHEBEN · OBST MISCHEN · 20 MIN. IN DEN OFEN GEBEN · MIT PUDERZUCKER BESTREUEN · Fertig!

QUARKGRATIN

4 Portionen

ZUTATEN

50 g Butter
200 g Magerquark, abgetropft
2 Eier (getrennt)
Mark einer ausgekratzten Vanille-
    schote
2 TL Speisestärke
abgeriebene Schale einer Bio-
    Orange
Salz
125 g Zucker
350 g Erdbeeren
200 g dünner Rhabarber
3 EL Vanillepuddingpulver
Puderzucker

1 Die Butter in einem kleinen Topf zerlassen und leicht abkühlen lassen. Quark, Eigelbe, zerlassene Butter, Vanillemark, Speisestärke und die abgeriebene Orangenschale cremig rühren. Eiweiße mit einer Prise Salz steif schlagen, 75 g Zucker nach und nach einrieseln lassen. Eischnee behutsam unter den Quark heben.

2 Erdbeeren waschen und halbieren. Rhabarber waschen, abtrocknen und in 2 cm breite Stücke schneiden. Beides mit 50 g Zucker und dem Puddingpulver mischen. In eine feuerfeste Auflaufform oder in ofenfeste Gläser geben. Die Quarkcreme gleichmäßig mit einem Esslöffel über das Obst verteilen.

3 Im vorgeheizten Backofen bei 200 °C (Umluft nicht empfehlenswert) auf der zweiten Schiene von oben 20 Minuten backen. Sobald die Creme schön gebräunt ist, mit Puderzucker bestreut servieren.

DANKE

Unermüdlich fleißige, leidenschaftlich wie zuverlässig arbeitende Menschen um mich herum treten nach außen wenig in Erscheinung. Ohne ihre Unterstützung, ihre zähen Verhandlungen, ihre wachsamen Augen und so einiges mehr wäre vieles gar nicht möglich. Und so möchte ich in diesem Buch auch unbedingt mein Dankeschön dafür loswerden!

Zunächst einmal an mein Team von »Schmeckt nicht, gibt's nicht«, das von mir unter anderem »genötigt« wurde, all das zu probieren, was ich »verbrochen« habe. An alle Jungs und Mädels (sorry, umgekehrt) von Transmedia: Andreas, Patrick, Gunnar, Gordon, Christoph, Juan, Thorsten, Tina, Basti, Sylvia und Beate. An das »Food-Kompetenz-Team«: Sven, Kata, Joachim und Marisol. Ohne euch wäre ich ein Buch ohne Buchstaben, ein Lied ohne Melodie, ein Koch ohne »Rezept«. An die Foodfriseusen Adam, Oli, Rainer. An Maja und Elena: Ihr schafft es, dass ich aussehe wie »25«, selbst nachdem »man die Nacht zum Tag gemacht hat«. An Ines, die gute Seele, und Kathrin (wir vermissen dich). Natürlich auch an Jörg, Michael, Matthew, Nadine und nicht zu vergessen an Dagmar (kleiner Mann im Ohr) sowie an den Rest der Bagage. An all die »Helfer« (nicht falsch verstehen!) bei VOX: Ralf Nöbel, Christian Joos, Meike Johanpeter, Gabi Leibl, Matthias Schwarz, Sybille Hasselbusch, Frank Hoffmann. Ihr habt mir die Bretter für die Bühne gebaut, die die »Welt« bedeuten. Hier gibt es zahlreiche Menschen, die unermüdlich die Fanpost bearbeiten und die vielleicht schon ab und zu an den unzähligen »Kochfragen« fast verzweifelt sind. Auch wenn ihr unter dem Synonym mail@vox.de verschwindet – was wäre ich ohne die Zuschauerredaktion? An das Team vom »Weissen Haus«: Muddi, für alles. Frank (krieg mal deine Aggressionen in den Griff). Sascha, Sybille, Christian (»Kann ich mal einen Kaffee haben, bitte?«). Und an die »Schweinepriester« in der Küche: Tom, Jeff, Max, Sebastian, Sven und Julia (Was ist heute der Hauptgang?). Insgesamt an das Team vom Weissen Haus, dass sie mich so grandios unterstützt haben. An meinen Vater (keiner macht besseres Balkangemüse als du). An Manu (Was ist eigentlich eine Milchmädchenrechnung?). Und natürlich an den Verlag, wo ich meine Vorstellungen umsetzen konnte. An mein Team (Pio, Oliver, Jan-Peter und ebenso René, Antje, Maria und Anja). Ich finde, wir haben ein tolles Buch gemacht! An alle Freunde und meine Familie, die mich unterstützt haben und für die ich hier keinen Platz mehr habe, und ich hoffe, ihr seid mir nicht böse deswegen – ihr seid mir ebenso wichtig. An die Zuschauer meiner Sendung, denen ich hier besonders »Danke« sagen möchte für so viel Treue und enorm tolles Feedback, und natürlich an alle, die sich auf dieses neue Buch gefreut haben. Dieses Buch widme ich Nina, weil sie den schwierigsten Job von allen hat, denn sie ist rund um die Uhr »für mich da«.

REGISTER A–Z

REGISTER ZUTATEN

FISCH

FLEISCH

GEFLÜGEL UND WILD

KUCHEN UND DESSERTS

MEHR LUST AUF TIM MÄLZER?

»essen & trinken – Für jeden Tag«
In jedem Heft: Rezepte von Tim Mälzer.

»essen & trinken – Für jeden Tag« erscheint
monatlich im praktischen Pocketformat
für 2,50 Euro bei Ihrem Zeitschriftenhändler.

TIMS TEAM

PIO

RENÉ NIEMANN

JAN-PETER WESTERMANN

ANTJE ELMENHORST

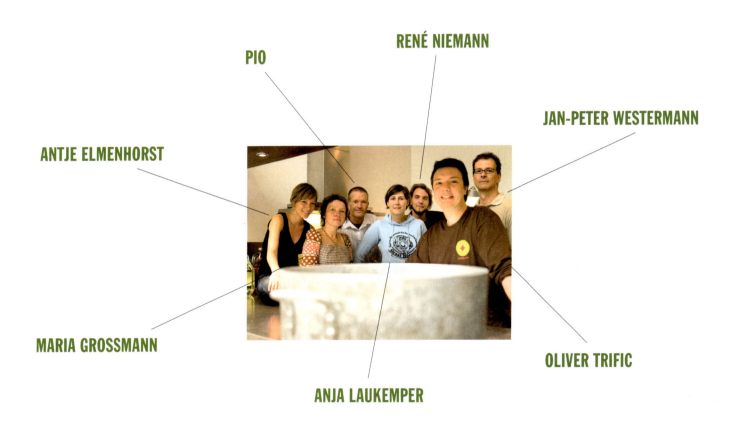

MARIA GROSSMANN

OLIVER TRIFIC

ANJA LAUKEMPER

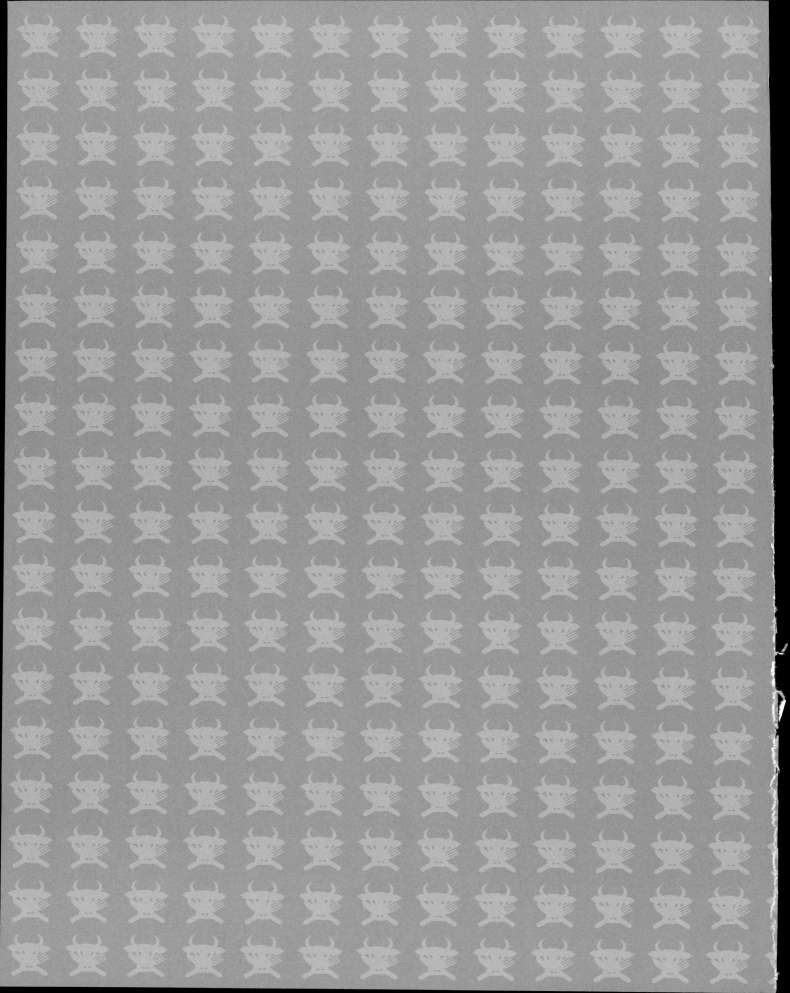